破译"科学"流言密码

不可不知的100个真相

北京科技记者编辑协会 编

图书在版编目（CIP）数据

破译"科学"流言密码：不可不知的 100 个真相 / 北京科技记者编辑协会编． -- 北京：北京大学出版社 , 2025.7.--ISBN 978-7-301-35868-9

Ⅰ．Z228

中国国家版本馆 CIP 数据核字第 2025QY9901 号

书　　名	破译"科学"流言密码：不可不知的 100 个真相 POYI "KEXUE" LIUYAN MIMA:BUKEBUZHI DE 100 GE ZHENXIANG
著作责任者	北京科技记者编辑协会　编
责任编辑	张亚如　陈静
标准书号	ISBN 978-7-301-35868-9
出版发行	北京大学出版社
地　　址	北京市海淀区成府路 205 号　100871
网　　址	http://www.pup.cn　　　　新浪微博：@北京大学出版社
微信公众号	通识书苑（微信号：sartspku）　科学元典（微信号：kexueyuandian）
电子邮箱	编辑部 jyzx@pup.cn　　　　总编室 zpup@pup.cn
电　　话	邮购部 010-62752015　发行部 010-62750672　编辑部 010-62767346
印　刷　者	天津裕同印刷有限公司
经　销　者	新华书店
	787 毫米 ×1092 毫米　32 开本　7.625 印张　170 千字 2025 年 7 月第 1 版　2025 年 7 月第 1 次印刷
定　　价	48.00 元

未经许可，不得以任何方式复制或抄袭本书之部分或全部内容。
版权所有，侵权必究
举报电话：010-62752024　电子邮箱：fd@pup.cn
图书如有印装质量问题，请与出版部联系，电话：010-62756370

编委会

顾　　问：黄天祥

主　　编：刘晓勘

执行主编：蒋建科

副 主 编：李　磊　于　彤　方小白　马　宁

策　　划：周雁翎

编写人员：刘　昭　孙燕燕　裴萌琪　丁　林
　　　　　　熊　炎　吴可虞　黄来恩

绘　　画：秦　童　祁　鸣　吉　振　柴青艳

前言

网络空间是亿万民众共同的精神家园。党和国家高度重视网络生态建设,特别是党的十八大以来,多次强调要营造风清气正的网络空间,加强互联网内容建设,健全网络综合治理体系,推动形成良好网络生态。

清朗网络空间、弘扬网络新风是全社会共同的期望,弘扬科学精神,传播科学思想,倡导科学方法,普及科学知识是科技工作者义不容辞的责任。在北京市科协和北京市委网信办的指导下,自2014年1月开始,北京科技记者编辑协会联合有关单位推出每月"科学"流言榜,至今已发布一千余条,受到新闻媒体广泛关注,已成为北京地区发起的具有全国影响力的科技传播品牌。

"科学"流言榜辟谣内容涉及科技前沿、时事热点、航空航天、生命健康、食品安全等多个领域,邀请来自中国科学院、清华大学、解放军总医院等机构的权威专家,以及主流新闻媒体的专业人士共同参与,对当月"科学"流言予以解读,面向新闻媒体发布,构建了不同于以往的、全新的科学传播协同合作模式,旗帜鲜明地向谣言宣战,成为打击网络流言、传播科学真知的急先锋。2023年5月,经北京市委网信办推荐,每月"科学"流言榜在中央网信办组织开展的以"聚辟谣之力 扬文明之光"为主题的评选活动中,获评"第五届中国互联网辟谣优秀作品"。

近年来,ChatGPT、DeepSeek横空出世,人工智能技术日新月异,其独特的技术优势和应用潜力,引领着智能信息处理新潮流,给人们带来了前所未有的震撼和挑战。面对新形势新要求,每月"科学"流言榜要继

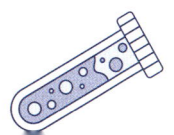

续勇立潮头，以更高的站位、更宽的视野、更强的力度，探索科学传播的新模式、新渠道、新平台，充分利用大数据、人工智能等现代信息技术，创新传播形式与手段，拓宽传播渠道与链条，实现科学知识的精准推送与广泛覆盖，让科学之声更加响亮，让"科学"流言无处遁形。

2025年国务院《政府工作报告》明确提出："健全网络生态治理长效机制，发展积极健康的网络文化，推动新时代网络强国建设。"值此每月"科学"流言榜十周年之际，我们推出《破译"科学"流言密码》这本书，不仅是对过往成就的回顾与致敬，更是对未来科学传播事业的深刻思考与前瞻布局。本书围绕每月"科学"流言榜年度榜单，精选100条流言内容，以手绘漫画的形式，直击真相，不仅辟谣解惑，而且梳理规律，揭穿套路，传授辨别流言的方法，将科学方法、科学思维和科学精神有机融入辟谣的过程中，充分展示科学的力量与魅力。

我们期待，《破译"科学"流言密码》能成为公众辨别网络流言、探索科学奥秘的科学试剂和得力助手，为构建风清气正的网络空间、推动社会文明进步作出积极贡献。

北京科技记者编辑协会

小测试：测测你的抗流言水平

1. 常有人说，每天要喝够8杯水才健康。对此，下列说法中科学的是（　　）。
A. 每天喝8杯水才能基本保证人体对于水分的需求
B. 人每天喝水应遵循"渴了就喝，不渴就不喝"的原则
C. 不同年龄、性别、地域的人需水量不同
D. 喝水越多，身体越健康，每天8杯水是远远不够的

2. 有传言称，感冒后咳嗽时间长了，会累及下呼吸道，引发肺炎。对此，下列说法中科学的是（　　）。
A. 咳嗽会伤及肺泡，引发肺炎
B. 咳嗽会引起肺部痉挛，引发肺炎
C. 普通感冒和肺炎可引起咳嗽，但咳嗽本身不会引起肺炎
D. 咳嗽与肺炎没有任何关联性

3. 有传言称，饭后马上活动会导致胃下垂。对此，下列说法中科学的是（　　）。
A. 饭后即便轻微活动也会增加胃的负担，造成胃下垂
B. 饭后剧烈活动会增强胃壁弹性，有利于胃健康
C. 饭后胃像灌水气球，运动时会像气球一样下坠，引发胃下垂
D. 胃下垂是多种因素日积月累所致，与饭后轻度运动没什么关系

4. 有人认为，人被感染狂犬病的动物咬伤后，病毒在人体内最多能潜伏十几年。对此，下列说法中科学的是（　　）。
A. 狂犬病基本没有潜伏期，一旦感染病毒很快就会发作
B. 狂犬病潜伏期通常较长，一般要在数年后才发作
C. 狂犬病潜伏期以1至3个月者居多
D. 感染狂犬病毒量越多，其潜伏期就越长

5.有媒体报道称：科学家联名警告，使用无线蓝牙耳机可能致癌。对此，下列说法中科学的是（ ）。
A.无线耳机产生电离辐射，时间长了会致癌
B.无线耳机产生非电离辐射，时间长了会致癌
C.无线耳机产生的电离辐射在安全标准内，不致癌
D.无线耳机产生的非电离辐射在安全标准内，不致癌

6.现实生活中，很多人认为脱脂奶比全脂奶更健康。对此，下列说法中科学的是（ ）。
A.全脂奶含大量饱和脂肪，对人体有害
B.全脂奶含大量胆固醇，对人体有害
C.需严格控制脂肪摄入量或患有高胆固醇血症的人才需要酌情选择脱脂奶
D.全脂奶中的脂肪是人体重要的营养来源，任何人都需要

7.有传言称，常吃豆腐会导致肾结石。对此，下列说法中科学的是（ ）。
A.豆腐中含有钙和鞣酸，二者结合会形成鞣酸钙，沉积在肾脏
B.豆腐中的钙和草酸相结合会形成草酸钙，经常吃容易患肾结石
C.豆腐中含有钙和单宁酸，二者结合会形成沉积钙，吃了容易患肾结石
D.豆腐及豆干含有草酸，但量很少，结石病人都可以吃

8.很多人喜欢喝红酒，认为每天喝点红酒可软化血管。对此，下列说法中科学的是（ ）。
A.红酒中有大量白藜芦醇，可以软化血管
B.红酒中没有酒精，喝再多都没事
C.红酒有减脂降压作用，可每天喝
D.红酒中白藜芦醇含量非常低，即使每天喝20瓶也无法软化血管

9.有传言称，"开水冲蛋"更易消化吸收，但实际上，未熟透的鸡蛋中含有的哪种物质，会阻碍人体对蛋白质的消化吸收？（ ）
A.抗胰蛋白酶　　B.抗坏血酸　　C.草酸　　D.脂肪酸

10.酸碱体质的理论在我国长期流行,影响很大。在一般情况下,食用下列哪种食物会让血液变成酸性?（　　）
A.杨梅　　　　B.醋　　　　C.酸菜　　　　D.都不会

11.有人说,隔夜茶喝了会中毒。对此,下列说法中科学的是（　　）。
A.隔夜茶中的茶多酚会发生氧化,产生有毒物质
B.隔夜茶中会产生黄曲霉毒素,喝了会致癌
C.即便是盖好的隔夜茶也会滋生大量细菌,不能喝
D.隔夜茶颜色变深,是茶多酚氧化造成的

12.网络上流传一种"生酮饮食法",即不摄入糖分,通过吃高脂肪肉类减肥。对此,下列说法中错误的是（　　）。
A."高脂低碳"的极端饮食模式弊大于利
B.血液中酮体含量过高,人体会处在酮血症状态
C.生酮饮食法可快速致人体失水,体重减轻而不损害健康
D.生酮饮食法会增加患肝病、肾病的风险

13.有人认为"红心土鸡蛋更有营养"。对此,下列说法中科学的是（　　）。
A.红心土鸡蛋营养物质更多
B.红心土鸡蛋更天然,无污染
C.鸡蛋黄的颜色来自饲料中的色素,可人为调节
D.普通鸡蛋有激素,红心土鸡蛋没有

14.很多人认为,杨絮会导致"花粉症"。但它其实并非真正的"罪魁祸首",而只是杨树的什么?（　　）
A.花粉　　　　B.花朵　　　　C.种子　　　　D.排泄物

15. 有传言称，只要一张微信付款码截图，就可刷光你的银行卡。对此，下列说法中科学的是（　　）。
A. 付款码被截图后，很容易被盗用盗刷，因此不要使用付款码
B. 一旦用户对付款码进行截屏操作，付款码会立即失效
C. 付款码就相当于密码，被截图后很难在技术上的补救
D. 付款码其实不重要，它只是一个虚拟的代号

16. 有传言称，新能源汽车辐射大、会致癌。对此，下列说法中科学的是（　　）。
A. 新能源汽车没有辐射
B. 新能源汽车有辐射，但辐射量在安全范围内
C. 新能源汽车产生电离辐射，对人体无害
D. 新能源汽车辐射大，开车时间长就会致癌

17. 有传言称，地震云能预测地震。对此，下列说法中科学的是（　　）。
A. 在地震前，天空会形成特殊的地震云
B. 目前还没有发现哪种云和地震的发生直接相关
C. 地震云是新发现的能有效预测地震的现象
D. 地震云是运动的，预测地震准确率不高

18. 有传言称，被烫伤后可以抹牙膏、酱油来进行治疗。对此，下列说法中科学的是（　　）。
A. 在烫伤部位涂上牙膏，人会感觉清凉舒适，有助于让烫伤部位恢复
B. 牙膏中含有的薄荷成分能治疗烫伤，恢复皮肤功能
C. 在伤口上涂抹牙膏后，牙膏可能被细菌污染，引发伤口感染
D. 牙膏干了后会附着在创面上，降低伤口清理难度

答案

1.C 2.C 3.D 4.C 5.D 6.C 7.D 8.D 9.A 10.D 11.D 12.C 13.C 14.C 15.B 16.B 17.B 18.C

目录

用保鲜膜包裹食物加热会致癌	2
不吃糖只吃肉就能减肥	4
常吃豆腐会导致肾结石	6
"开水冲蛋"更易消化吸收	8
自制水果酵素能瘦身美容	10
使用植物油煎炸食物会释放化学毒素	12
喝苏打水可预防癌症	14
只吃素有利于身体健康	16
空腹不能喝牛奶	18
每天喝点红酒可软化血管	20
"三高"人群不能吃蛋黄	22
茶沫和茶膜是农药残留,要撇掉	24
每天要喝够 8 杯水才健康	26
隔夜茶喝了会中毒	28
瓶装水暴晒后有毒不能喝	30
转基因玉米可致癌	32
买来的螃蟹有"针眼",是被人工打了东西	34
火腿、培根是致癌物,致癌能力堪比砒霜	36
脱脂奶比全脂奶更健康	38
方便面 32 小时不能消化	40
大个儿草莓都打了激素	42
农作物种子经"量子赋能"可增产增收	44
浓稠的酸奶更有营养	46
吃反季节果蔬有害健康	48
吃芹菜可以降血压	50
"无菌蛋"没有细菌,可放心生食	52

食品保质期越长，防腐剂越多	54
牛奶、大豆会让未成年人性早熟	56
红心土鸡蛋更有营养	58
地暖辐射会致白血病	60
Wi-Fi 辐射会损害健康	62
穿防辐射服可防引力波	64
5G 基站比 4G 基站辐射更强、危害更大	66
食用碘盐可预防核辐射	68
辐照食品有放射性，不能吃	70
高铁辐射会导致女性"不孕"	72
新能源汽车辐射强，会致癌	74
隔空充电有辐射危险	76
受冻会导致关节炎	78
天气变凉，输液可以预防脑卒中	80
感染幽门螺杆菌一定会得胃癌	82
跑步的人易患关节炎	84
孩子发烧时"捂汗"可以退烧	86
身体发现结节要立即切除，以防癌变	88
咳嗽久了会成肺炎	90
烫伤后应该抹牙膏和酱油	92
狂犬病潜伏期长达十几年	94
打一针疫苗就不会得癌症了	96
热射病只发生在室外	98
冻伤处可用雪水搓洗缓解	100
杨絮会导致"花粉症"	102
饭后马上活动会导致胃下垂	104

出现皮肤问题就用红霉素软膏	106
睡光板床可以治疗腰椎病	108
"吊颈健身"可以治颈椎病	110
小伤口用唾液就能消毒	112
牙膏可杀灭幽门螺杆菌	114
吃了胶原蛋白补品,皮肤就能变好	116
东西向睡觉会失眠	118
体脂率越低越好	120
跑步比久坐死亡率更高	122
酸性体质是百病之源	124
指甲竖线是健康晴雨表	126
左侧卧睡觉会压到心脏	128
体格越健壮的人越容易中暑	130
孩子矫正牙齿越早越好	132
心跳越慢身体越好	134
"左撇子"智商更高	136
O 型血最招蚊子	138
儿童定位手表辐射超手机千倍	140
绿色背景能保护视力	142
量子计算机可以取代传统计算机	144
"手机信号增强贴"能增强信号	146
一张微信截图就能刷光你的银行卡	148
展示 IP 属地会泄露隐私	150
二维码很快会被用完	152
相机像素越高,拍出的照片越清晰	154
智能电表可以调快,本身也耗电	156

无线耳机致癌	158
身份证会被手机消磁	160
手机充满电可延长电池寿命	162
数据线破损后用绝缘胶布缠起来不影响使用	164
液化气钢瓶着火要先灭火再关阀门	166
"倒挂控水法"能救溺水者	168
"地震云"能预测地震	170
地震时"生命三角求生法"能救命	172
火灾中用湿毛巾捂住口鼻就可以穿过浓烟	174
口罩的消毒残留物会致癌	176
电热水壶烧的水有损健康	178
自拍杆会变成引雷针	180
戴防蓝光眼镜能防近视	182
能用磁铁吸住的保温杯就是好保温杯	184
太阳镜颜色越深越能防紫外线	186
空调开除湿模式更省电	188
遮阳伞和雨伞可以混用	190
基因检测能"剧透"孩子天赋	192
非承重墙可以随意拆改	194
汽车只加半箱油更省油	196
大地磁暴引发极光,影响身体健康	198
北斗卫星导航系统会频繁掉线	200
附录一 "科学"流言的成因与传播规律	202
附录二 破除"科学"流言的策略与实践	216

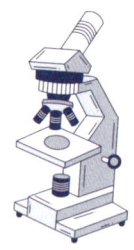

用保鲜膜包裹食物加热会致癌

流言 保鲜膜是塑料的一种,如果包裹着食物进行加热,会向食物中释放致癌物质,引发各种癌症。

真相

该说法不准确。提到保鲜膜，大家可能会想到"增塑剂"。邻苯二甲酸二（2-乙基己基）酯（DEHP）作为聚氯乙烯（PVC）等塑料制品的增塑剂，可增加塑料的弹性和韧性，被广泛应用于塑料工业。含有 DEHP 增塑剂的 PVC 保鲜膜确实存在一定风险，但其他种类的保鲜膜不用过于担忧。

那么，PVC 保鲜膜的健康风险到底有多大呢？目前的研究显示，DEHP 对动物生殖和发育的潜在影响有限，这些研究多是在远高于日常生活中暴露量的情况下进行的。我们在实际生活中接触到的 DEHP 浓度通常远低于导致健康问题的剂量。因此，只要 DEHP 的使用符合相关要求，合理使用，就不用过度担忧。

不过，需要注意的是，尽量不要使用同一张保鲜膜多次覆盖食物。另外，一定要通过正规途径购买保鲜膜产品，千万不要因为贪小便宜而买到不合格产品。要注意产品包装上是否有聚乙烯（PE）、不含有 PVC 或可用于微波炉加热的标志。写有 PVC 或没有写材质的，尽量避免购买；如有 PE 标志，则应作为首选。当然，出于环保的角度，建议大家尽量减少使用一次性塑料产品。

小贴士

使用保鲜膜加热油性较大的食物时，应将保鲜膜与食品保持隔离状态，不要使二者直接接触。因为食物被加热时，食物上的油可能会达到很高的温度，使保鲜膜发生破损，粘在食物上。各品牌保鲜膜的最高耐热温度各不相同，甚至相差 10 ℃左右。微波炉内的温度较高，一般会达到 110 ℃左右，需要长时间加热食物时，要注意选择耐热性较好的保鲜膜。

不吃糖
只吃肉就能减肥

流言 只要不摄入糖分,就可以随意吃高脂肪的肉类,还能达到很好的减肥效果。这一减肥理念——"生酮饮食法"横扫全球,明星都在追捧。

"高脂低碳"的生酮饮食法的确能让一些人体重在短时间内出现下降,尤其是在本身摄入脂肪就不算多的情况下,但没有足够证据表明,生酮饮食法对人体健康是长期有益的。

"高脂低碳"的极端饮食模式弊大于利,已经是营养学界的共识。长期摄入高脂肪食品,会导致过多的脂肪沉积在血管壁上,久而久之使血管弹性减弱、管腔变窄甚至阻塞,导致高血压、冠心病等疾病发生。脂肪在肝脏中沉积过多,也会导致脂肪肝的发生。

由于代谢的改变,生酮饮食法也极大地增加了患肝病、肾病的风险。当血液中酮体含量过高时,人体会处在酮血症的状态,肾脏排出酮体和体液,导致人体失水,体重迅速减轻。长时间的生酮饮食,会大大增加患肾结石、骨质疏松和高尿酸的风险。

此外,人的大脑需要糖类提供能量,而摄取糖类最主要的方法是食用碳水化合物。如果大脑长期得不到营养成分的平衡摄入,人会出现失眠、便秘、脱发等症状,危害身体健康。

小贴士

碳水化合物由碳、氢和氧三种元素组成,是自然界存在最多、具有广谱化学结构和生物功能的有机化合物。它可以为人体提供热能。食物中的碳水化合物分成两类:人可以吸收利用的碳水化合物,如单糖、双糖、多糖;人不能消化的碳水化合物,如纤维素。

常吃豆腐会导致肾结石

流言 豆腐中含有钙和草酸,二者结合会形成草酸钙,从而导致结石,肾结石患者更是不能吃豆腐。

真相

在大豆中，与结石有关的物质主要有三种：嘌呤、钙和草酸。大豆经过不同的加工，其中与结石有关的成分会发生不同的变化，例如豆浆和豆腐中所含的嘌呤就很少。

豆制品的成分中对结石有影响的主要是草酸，而豆腐（尤其是卤水豆腐和石膏豆腐）中的草酸含量很低，从豆腐进一步加工而来的食品（比如豆腐干）草酸含量也不会高，所以结石病人也可以吃。健康人的身体对于草酸等成分有更强的处理能力，就更没有必要担心吃豆腐或者豆制品引发结石了。

此外，与很多人认识不同的是，钙摄入量不足反倒会增加结石风险，所以，即使是结石风险较高的人群，依然需要摄入适当的钙。

小贴士

豆类在膳食中有很重要的作用。豆类包括黄豆、蚕豆、豌豆、绿豆、黑豆等多个品种。豆类富含蛋白质，其蛋白质的氨基酸组成与动物性蛋白质近似，是优质蛋白质，而且豆类还富含植物油脂，尤其是不饱和脂肪酸含量较高，同时也含有较丰富的B族维生素，其营养成分易于消化吸收。除此之外，豆类还含有钙、磷、铁等无机盐，营养十分丰富。豆腐、豆浆等豆制品营养价值也很高，而且比干豆类更容易消化吸收。

"开水冲蛋"更易消化吸收

流言 "开水冲蛋"更易消化吸收,尤其对于消化系统较弱的老年人和儿童,这是最好的吃鸡蛋的方法。

真相

开水冲鸡蛋大多不能冲均匀,未熟透的鸡蛋中含有抗胰蛋白酶,会阻碍身体对蛋白质的消化吸收。如果未被吸收的蛋白质在体内沉积过多,就容易在大肠杆菌的作用下,转化为胺、硫化氢等有害物质,加重肝脏的负担。

此外,一些人为了增加开水冲蛋的味道,可能会添加各种调料,如花生、红枣、醪糟、蜂蜜和红糖等。一旦这些调料用量过多,就可能会破坏食材的平衡,导致热量过高,破坏食品的营养成分。

鸡蛋是比较容易被细菌污染的食物,常见的有沙门氏菌、大肠杆菌等致病菌。研究发现,如果要把这些细菌充分杀灭,需要把鸡蛋加热到71 ℃以上。如果开水冲蛋冲泡不均匀、时间短,则无法杀死这些细菌,可能导致急性肠胃炎,使人产生呕吐、腹泻等症状。

小贴士

煮鸡蛋避免破壳的最好方法是"开水煮冷蛋"。具体做法是,待水开后,把凉鸡蛋搁在小漏勺里放入开水中煮8分钟即可熟透。这样既可避免烫手又可防止跌破蛋壳,而且时间上易于控制。

自制水果酵素能瘦身美容

流言 随便切上七八种水果，放入清水和大量白糖，密封发酵几个星期甚至几个月，就能得到一瓶"酵素原液"，常喝可以瘦身美容。

真相

酵素的本质是酶，酶是蛋白质，口服后在胃酸等消化液的作用下会变性甚至分解，失去生物活性。这种"原料加糖，密封存放"的制作方法和做泡菜的过程基本一致，其本质是一种自然发酵。但是，酶在整个发酵液中的含量很低，达不到有效量，而"水果酵素"中的其他成分——乳酸和酒精作为主要发酵产物，并不具有瘦身美容的功效。

不仅如此，食用"水果酵素"还可能会对健康造成一定危害。因为自制酵素在制作时需要加入大量的糖，人在饮用酵素时会增加体内糖的摄入量。此外，在自然界中，水果表面的微生物组成十分多样，除了发酵需要的酵母菌或乳酸菌外，还有其他可能对人体有害的微生物。制作过程稍有不慎，就会使杂菌在发酵过程中快速生长，这样生产出的"水果酵素"非但不能保健，反而会对健康造成威胁。

小贴士

人体和其他哺乳动物体内含有至少5000种酶。它们或是溶解于细胞质中，或是与各种膜结构结合在一起，或是位于细胞内其他结构的特定位置上，只有在被需要时才被激活，这些酶统称胞内酶；另外，还有一些在细胞内合成后再分泌至细胞外的酶——胞外酶。

使用植物油煎炸食物会释放化学毒素

流言 有媒体报道称,猪油煎炸食物比较健康,因为植物油加热会释放出化学毒素。

真相

专家分析认为，评估油品优劣应考虑综合因素，至少应从三个方面考虑：一是油脂的脂肪酸组成和甘油酯构型是否合理，二是对人体健康有益的天然微量营养成分的含量高低，三是是否存在对人体健康有害的物质。

同时，食用油的营养价值受烹调方式、温度和时间等多种因素的影响，任何一种食用油都不提倡在高温下长时间（或反复）使用。高温下长时间（或反复）煎炸的油脂会产生醛、酮、内酯等化学物质，长期食用对人体有一定危害。只要科学合理地食用植物油，一般不会对人体健康产生负面影响。此外，中国人的饮食习惯、烹调习惯、油品情况和其他国家有一定差异，总体上中式烹调比西式烹调方式更多样化，欧美国家的烹调方式以煎、炸为主，中式烹调方法包括炒、蒸、炖、熘、汆、炸等多种方式，比如急炒、清蒸等方式中植物油的受热温度和时间一般不会达到煎炸的程度，因此中国消费者不必过分担心。

小贴士

食用油有"四怕"：一怕直射光，二怕空气，三怕高温，四怕进水。因此，保存要避光、密封、低温、防水。

喝苏打水可预防癌症

流言 苏打水有许多好处,不仅可以中和酸性体质,还能预防癌症。

真相

苏打水是一种含有碳酸氢钠（也称为小苏打）的弱碱性水，包括天然苏打水和人工合成苏打水两种。天然苏打水除含有碳酸氢钠，还含有钾、镁、锂、钙、锶等矿物质。人工合成苏打水是以纯净水为基础，再加入碳酸氢钠和其他添加剂制成的。

正常人的血液pH在7.35~7.45之间，并不会因为食物（包括苏打水）等外界因素而改变，所以并不存在天生的酸性体质和碱性体质这种说法。部分病人由于手术、化疗、放疗等原因，身体会出现酸碱平衡失调，但这不是酸性体质导致疾病，而是部分疾病可能会引起这种情况。从营养价值来说，喝苏打水主要是为了补水，不能预防癌症。

小贴士

在食品加工中，碳酸氢钠是一种应用广泛的疏松剂和酸度调节剂，用于生产饼干、面包等，是汽水饮料中二氧化碳的发生剂；可与明矾复合为碱性发酵粉，也可与纯碱复合为民用石碱；还可用作黄油保存剂；在蔬菜加工中可用作果蔬护色剂。

只吃素有利于身体健康

流言 只吃素有利于身体健康,因为吃肉会引起心血管疾病和肥胖,还会增加死亡风险。

真相

与饮食富营养化直接相关的糖尿病等,能引发一系列心血管问题,这是没有疑问的。的确有多项研究发现,素食者和杂食者或肉食者相比,患高血压、冠心病的风险更低,但是,做素食主义者就可以杜绝心血管疾病吗?到目前为止,并没有一项研究可以证明这一点。

心血管疾病往往不是由某一个生活习惯造成的,比如只爱吃肉类、蛋类等,而是错误的生活习惯导致的总体失衡。如果日常饮食中食物搭配不合理,即使不吃肉也可能患病。比如有些人虽然不吃肉,但依然会摄入脂肪、蛋白质含量高的食物,比如坚果、油炸食品、甜饮料、薯片等。所以,预防心血管疾病,合理的饮食结构才是关键。

小贴士

成年人每日的食谱应包括奶类、肉类、蔬菜水果和五谷四大类。奶类富含钙、蛋白质等,可强健骨骼和牙齿。肉类含丰富的蛋白质,可促进人体新陈代谢,增强抵抗力。蔬菜水果类含丰富的矿物质、维生素和纤维素,可增强人体抵抗力,畅通肠胃。米、面等五谷主要含淀粉,即糖类物质,主要为人体提供热能,满足日常活动所需。

空腹不能喝牛奶

流言 空腹喝牛奶,不利于健康,会拉肚子。

真相

空腹状态下喝牛奶，牛奶中的脂肪和乳糖可以迅速为人体提供能量，不会造成蛋白质的浪费。并且有研究表明，牛奶中的总乳清蛋白具有抗微生物感染及控制黏膜炎症的作用，因此喝牛奶不会伤胃，反而有利于胃部健康。人的个体存在差异，有的人喝牛奶后会出现腹胀、腹泻等不适现象，这可能是由自身乳糖不耐受造成的。

小贴士

乳糖是一种由葡萄糖和半乳糖组成的双糖。乳糖在人体中不能直接被吸收，需要在乳糖酶的作用下分解后才能被吸收。有些人群存在乳糖酶缺乏的现象，在摄入乳糖之后，乳糖不能被消化吸收，所产生的反应称为乳糖不耐受。

每天喝点红酒可软化血管

流言 每天饮用红酒的人,心血管疾病发病率会降低,这是因为红酒中的白藜芦醇可以软化血管。

真相

靠喝红酒来软化血管的方法并不靠谱。红酒中因含有白藜芦醇，过去曾被认为有软化血管的作用，但相关研究大多局限于动物实验，白藜芦醇的最佳剂量尚未在人体研究中得到证实。红酒中白藜芦醇的含量非常低，某些研究中提到，若将白藜芦醇对动物的有效剂量推算到人类，一个人即使每天喝20瓶红酒也起不到软化血管的作用，考虑到酒精对人体的不良影响，喝酒补白藜芦醇可能弊远远大于利。

常规红酒中大约含有15%的酒精，会对心血管功能造成负面影响。多项研究已经证实，摄入的酒精无论多少，对人体都是有害的。酒精与心血管疾病、癌症等多种疾病都有直接关联。

小贴士

乙醇，俗称酒精、火酒，是醇类化合物的一种，化学式为C_2H_5OH。乙醇燃烧性很好，是常用的燃料，也可作溶剂和消毒剂等，在有机合成中应用广泛。乙醇在常温常压下是一种易挥发的无色透明液体，毒性较低，可以与水以任意比例互溶，也可与多数有机溶剂混溶。乙醇是一种基本有机化工原料，可应用于食品工业，如用于制造醋酸、饮料、香精等。医疗上常用体积分数为70%~75%的乙醇作消毒剂。

"三高"人群不能吃蛋黄

流言 凡是胆固醇高的食物,"三高"人群都应该远离,因此"三高"人群吃鸡蛋时只能吃蛋白部分,不能吃高胆固醇的蛋黄。

蛋黄中确实含有较多胆固醇，一个蛋黄的胆固醇含量可达 280 毫克，但对大部分人群来说，膳食来源的胆固醇不会直接影响血液中的胆固醇水平。

人体内的胆固醇水平主要是受遗传基因和代谢因素的影响。人体对膳食来源胆固醇的吸收，以及胆固醇对血脂的影响，不同人之间存在着很大的个体差异。《中国居民膳食指南（2016）》和《美国居民膳食指南（2015）》都取消了之前的膳食来源的胆固醇限量（300 毫克/天），并认为没有证据表明膳食来源的胆固醇多一些会导致高血脂或心脏病。

另外，蛋黄富含优质蛋白、单不饱和脂肪酸、卵磷脂、维生素 A、维生素 B_1、钙、锌等营养素，其整体营养价值远超蛋清，是蛋类营养的精髓。

小贴士

脂类物质主要分为两大类，甘油三酯和类脂。其中类脂主要包括磷脂、糖脂，还包括胆固醇。胆固醇存在于细胞内外，在细胞膜上与邻近的脂质相互作用，调节膜的流动性和通透性。在血液中，胆固醇可以通过一系列酶和代谢途径进行转化，参与机体内各种物质的代谢，包括糖、蛋白质、脂肪、水、电解质和矿物质等的代谢。

茶沫和茶膜是农药残留，要撇掉

流言

用热水冲泡茶叶，有时会浮起不少泡沫。一些茶水晾凉后，表面还可能会形成一层薄膜。这些茶沫和茶膜都是农药残留，需要撇掉。

真相

茶叶冲泡时产生的泡沫,其成分主要是茶皂素和蛋白质类物质。其中茶皂素又叫作茶皂苷,是一种难溶于水的化合物。从目前的科学研究结果来看,茶皂素具有一定的抗菌作用,且能抑制脂肪的吸收。

至于茶汤是否出现泡沫、泡沫数量的多少,主要取决于茶树品种与成品茶的外形。不同茶树品种茶皂素含量有高有低,茶叶外形也不尽相同,这都可能影响茶沫数量的多寡。

而茶凉以后表面形成的茶膜,主要是由氧化的茶多酚、碳酸钙和其他形式的盐组成的。水的硬度、pH、茶浓度和冲泡温度等,都是影响茶膜形成的因素。茶的品种也会影响茶膜的形成。一般红茶更容易形成茶膜,而白茶、黄茶、绿茶和轻度加工的乌龙茶晾凉后基本不会形成茶膜,这是因为红茶相较于其他品种的茶叶,发酵时间较长,氧化程度更高。

目前我国允许使用的茶叶农药98%都是脂溶性物质,它们并不溶于水,所以不可能形成泡沫或冷却后结成茶膜。同时,目前也没有实验研究证明农药残留与茶沫或茶膜之间存在联系。

小贴士

茶叶中含有的咖啡碱有兴奋中枢神经的作用,同时,咖啡碱也是利尿剂,加上喝茶会使人摄入大量水分,势必增加夜间上厕所的次数,从而影响睡眠,因此最好避免在睡前饮茶。

每天要喝够
8杯水才健康

流言 每天要喝够8杯水,这样才能代谢掉体内的有害物质,保持健康。

真相

《中国居民膳食指南（2022）》强调"规律进餐，足量饮水"，表明并非渴了才喝水，不渴就不喝水。因为当人觉得渴的时候，已经处于缺水状态了。实际上，不同年龄段、不同性别的人需水量是不同的，"8杯水"这种一刀切的健康建议并不适合对个体进行精准化健康指导。人体每天的"水周转量"即水的总交换量，包括我们摄入的水分和流失的水分，在很大程度上反映了人们的需水量。然而，水周转量并不等于我们每天实际的饮用水量。例如，一名20多岁的男性每天的水周转量平均为4.2升，但他并不需要饮用4.2升的水，因为人体代谢和体表水交换可提供其中的15%，其余85%的需水量来自食物和饮水，如果二者各半，则该年龄段男性每日平均饮水量约1.8升。相比之下，女性饮水量要小一些，因为女性的非脂肪成分低于男性，例如一位20多岁的女性，每日的平均饮水量为1.3~1.4升。

小贴士

人体内的液体由水及溶解在水中的无机盐、有机物构成，统称体液。水是体液中的主要成分，也是人体内含量最高的物质。体液广泛分布于机体细胞内外，细胞内液是物质代谢的主要部位，细胞外液则是机体各细胞生存的内环境。保持体液容量、分布和组成的动态平衡，是保证细胞正常代谢、维持各种器官生理功能的必需条件。

隔夜茶喝了会中毒

流言 隔夜茶中的茶多酚会发生氧化,产生有毒物质。

真相

隔夜茶没有严格的定义，主要是指泡得过久的茶。通常，人们泡茶的水温在 90~100 ℃，一般的细菌都会被杀死，并且茶叶本身的一些物质就具备一定的抗菌作用。敞口放在室内的茶水，会有少量空气中的细菌进入，但茶里的细菌生长非常缓慢，所造成的影响微乎其微。另外，泡了过久的茶水，除了颜色容易变深且口感较苦外，并不会产生有毒物质。

茶水颜色变深，是茶多酚氧化造成的。茶多酚与空气中的氧气发生氧化反应，其中的儿茶素等物质会逐渐氧化聚合，形成颜色更深的物质。氧化后的茶多酚依然具有一定的抗氧化活性，只是其活性可能会有所改变。所以隔夜茶是可以喝的，但是太苦了口感不好。

小贴士

茶多酚是茶叶中多酚类物质的总称，为白色无定形粉末，易溶于水，可溶于乙醇、甲醇、丙酮、乙酸乙酯，不溶于氯仿。绿茶中的茶多酚含量较高，占其质量的 15%~30%。茶多酚的主要成分为黄烷酮类、花色素类、黄酮醇类、花白素类、酚酸类及缩酚酸类 6 类化合物。

瓶装水暴晒后有毒不能喝

流言 不要喝车里晒过的矿泉水,瓶装水暴晒后会析出有毒物质。

真相

目前市面上90%的塑料瓶装饮料采用PET（聚对苯二甲酸乙二醇酯）材料作为瓶体材料。PET的结构相当稳定，其熔化温度超过250 ℃，要发生化学变化至少要在100 ℃，汽车内显然达不到这样高的温度。因此，温度升高后就析出有毒物质的说法没有科学依据。

还有流言称，PET瓶装水会析出塑化剂，但实际上制造PET水瓶并未用到塑化剂。

小贴士

塑化剂是在工业生产上被广泛使用的高分子材料助剂，又称增塑剂。凡是添加到聚合物材料中能使聚合物塑性增加的物质都称为塑化剂。塑化剂的使用可以改善高分子材料的性能，降低生产成本，提高生产效益。

转基因玉米可致癌

流言 法国科学家用实验证明，转基因玉米可诱发肿瘤。

真相

该谣言源于法国里昂大学教授塞拉利尼于2012年完成的转基因抗除草剂玉米饲喂大白鼠的实验。这项实验已被欧洲食品安全局、法国生物技术高等理事会、德国联邦风险评估研究所等权威机构以及全世界绝大多数同行科学家所否定。塞拉利尼发表的论文,也被相应学术期刊撤稿。

日本科学家早在2008年就做过同类实验。该实验用的大鼠比塞拉利尼用的大白鼠寿命长,饲喂的也是转基因抗除草剂玉米,饲喂时间同样是2年,得出的实验结果是:转基因玉米与非转基因玉米对实验鼠的生理影响没有显著差异,转基因玉米不致癌。

从世界范围内的生产和消费实践看,近30年转基因作物商业化种植累计400多亿亩,至今未发现被证实的转基因食品安全事件。因此,经过科学家安全评价、政府严格审批的转基因产品是安全的。

小贴士

转基因技术是将高产、抗逆、抗病虫、提高营养品质等已知功能性状的基因,通过现代科技手段转入到目标生物体中,使受体生物在原有遗传特性基础上增加新的功能特性,获得新的品种,生产新的产品。自然界中广泛存在自发的转基因现象,譬如植物界的异花授粉、天然杂交以及农杆菌天然转基因系统等。

买来的螃蟹有"针眼",是被人工打了东西

> **流言** 买来的螃蟹有"针眼",是被注水、注胶或者打了兴奋剂。

真相

市场上螃蟹身上的小孔，并非注水或注胶造成的。螃蟹的外壳非常坚硬，要想穿透它注入液体，就必然会破坏蟹壳。而一旦蟹壳被破坏，螃蟹体内的脏器所处环境的渗透压会发生剧变，这会迅速导致螃蟹死亡，对于商家来说得不偿失。这些小孔通常只是捕捞和运输中螃蟹相互碰撞的结果。而螃蟹体内的透明胶状物质其实是蟹膏，是雄性螃蟹的副性腺及其分泌物，不仅营养价值高，而且味道鲜美。至于打了激素或兴奋剂的说法，也是不实的。这些药物对螃蟹无效，反而会破坏水质，导致螃蟹死亡。螃蟹养殖需要良好的水质，任何有害物质都会影响其生存。

小贴士

螃蟹的壳是一种坚硬的外骨骼，主要由一种叫作甲壳素的复杂碳水化合物构成。这个外骨骼不仅起到保护作用，防止掠食者和环境的伤害，还为身体提供结构支持。螃蟹的生长发育，需要脱掉旧壳来换上更大的外骨骼，这个过程称为"蜕壳"。在蜕壳期间，新的外骨骼通常是柔软的，所以此时也是螃蟹最脆弱的时候。

火腿、培根是致癌物，致癌能力堪比砒霜

流言 世界卫生组织下属机构国际癌症研究机构（IARC）发布公告称，火腿、培根等加工类肉制品被归入致癌物，位列致癌物风险等级的第一级。它们的风险等级与石棉、香烟、砒霜等物质相同，所以，火腿、培根的致癌能力堪比砒霜。

真相

第一,世界卫生组织的"致癌物风险等级"是根据某种物质增加人体癌症风险的确凿证据来定的。等级最高的一级致癌物是指,有很确凿的证据显示该物质能增加人的癌症风险,但它并不表示致癌能力的大小。比如同为一级致癌物的还有酒精饮料、中式咸鱼、槟榔和太阳辐射。

第二,火腿肠、培根、香肠等加工类肉制品增加癌症风险,在食品营养界早已得到普遍认可。比如美国癌症研究所认为,每天吃50克左右的培根,会让患大肠癌的风险增加大约21%。注意:是风险增加了21%,而不是有21%的风险得大肠癌。举个例子说,如果一点不吃这种食品的人风险是1%,那么吃的人风险会变成1.21%。所以,加工类肉制品常吃确实不好,但谈之色变大可不必。

小贴士

加工类肉制品指经过盐腌、风干、发酵、烟熏或其他处理,用以提升口感或延长保存时间的任何肉类。比如香肠、火腿、牛肉干、肉罐头、肉类冷盘和肉酱等。

脱脂奶比全脂奶更健康

流言 全脂奶中含有大量饱和脂肪和胆固醇,因此日常生活中选择脱脂奶更健康。

真相

尽管有些国际组织和国家的膳食建议是饮用脱脂奶，但这个建议与膳食结构和乳制品摄入量有关。我国的膳食指南推荐普通成人每天摄入乳及乳制品300~500克，而实际人均摄入量不到推荐量的1/10，也仅为欧美国家实际人均摄入量的1/15。因此对中国人而言，首要问题是需要增加乳及乳制品摄入量，而不是考虑是否脱脂。

乳脂携带脂溶性维生素，还可以带来醇厚口感、丰富奶香味和一定饱腹感。对普通人来说，脱脂奶并不比全脂奶更健康，消费者完全可以根据个人喜好选择相应产品。只有需要严格控制脂肪摄入量或高胆固醇血症的人才需要酌情选择脱脂奶。

小贴士

在我国，全脂牛奶的脂肪含量在3.1%以上，低脂牛奶（也就是"部分脱脂牛奶"）的脂肪含量在1%~2%，而脱脂牛奶的脂肪含量在0.5%以下。

方便面 32 小时不能消化

流言 　一位美国科学家借助胶囊内镜拍摄了"加工食品"与"无添加物食品"被吃进肚子后的情况,并加以对比。结果发现,手工拉面在 32 小时后已经完全被消化,方便面则仍有残余,尚未完全消化。方便面之所以难以消化,是因为其中加了抗氧化剂等多种食品添加剂,长期食用有害健康。

真相

这个谣言看似有理有据,但严格来说,该实验并不是一个科学的实验,存在很多不科学和不严谨的地方。比如,实验者在吃方便面时,搭配的是饮料,而手工拉面则搭配了助消化的茶水,这样两组实验从科学上就不能称为对照组,因此也不存在可比性。

同时,这个实验的出发点是研究加工食品的消化过程,并非针对消化时间。而且在原视频中,这两种面在 2 小时后都基本被消化了,只是方便面还能看到一点儿残留的影子而已。

小贴士

消化系统由消化道和消化腺两大部分组成。临床上常把口腔到十二指肠的这一段称为上消化道,空肠及以下的部分称为下消化道。消化腺有小消化腺和大消化腺两种。小消化腺散在于消化管各部的管壁内,大消化腺有三对唾液腺、肝脏和胰脏。

大个儿草莓都打了激素

流言 "个儿大""奇形怪状"的草莓是因为打了激素。

个儿大的例如"幸香"草莓是从日本引进的杂交选育品种,本身"个头"就很大,网传的"激素草莓辨别法"其实不靠谱。

激素是植物本身就存在的物质,如果植物自身激素量不足,可以适量人为增加,调整其生长状态,这就是俗称的"打激素"。但注入激素是有严格要求的,过量注入会导致失败,草莓的卖相和口感都会变得很差,拿到市场上也卖不出好价格,因此果农一般不会这么干。"空心草莓"的出现是"大果型"草莓品种的特性,当然这也与其生长环境有关,如果温度过高、肥水过大,也容易造成空心。而长相奇怪的草莓大多是授粉不均导致的,如果大棚里温度和湿度不良,作为授粉昆虫的蜜蜂量不够,授粉就会不均,长出奇形怪状的草莓是很正常的事。

小贴士

授粉昆虫指在采蜜的过程中,对异花授粉的植物有传媒作用的昆虫,多为蜂类。

农作物种子经"量子赋能"可增产增收

流言 农作物种子经过"量子赋能"后,不仅长得快、长势好,连口感味道都会明显提升。

真相

量子虽然具备很多特殊的性质，但这些特殊性质产生的条件非常苛刻。量子设备造价极为昂贵，且量子效应保持的时间极短。所谓在农作物种子或者日常用品上使用量子技术，这是根本无法达成的。作为前沿科技，量子技术近年来的应用场景的确在逐渐拓展，但一些企业把量子技术"打扮"成可为万物赋能的"万金油"式"神秘力量"，明显是一种概念的炒作和滥用。所谓农作物种子经过"量子赋能"后长得快、长势好，口感味道提升的说法，是极为错误的。

小贴士

一个物理量如果存在最小的不可分割的基本单位，则这个物理量是量子化的，其最小单位被称为量子。量子的英文名 quantum 来自拉丁语 quantus，意为"有多少"，代表"相当数量的某物质"。在物理学中常用到量子的概念，指不可分割的基本个体。例如，"光量子"（光子）是一定频率的光的基本能量单位。

浓稠的酸奶更有营养

流言 酸奶越浓稠,品质就越好。比较稀的酸奶营养不好,因为里面掺了好多水。

真相

酸奶的营养价值与浓稠度无关。

从生产工艺的角度，可以将酸奶分为凝固型和搅拌型两种。凝固型是直接把奶和发酵菌装进酸奶杯中发酵，一般会添加黄原胶等增稠剂，使酸奶呈块状，例如市面上常看到的碗装、罐装"老酸奶"；而搅拌型则是先在发酵罐中发酵，发酵完成后再灌装到杯子中，例如大部分杯装酸奶，其质地相比于凝固型来说会稀一些，并不是因为掺了水。

有些人认为部分酸奶配料表中的增稠剂会危害健康，比如黄原胶、明胶、卡拉胶等，其实这些担心大可不必。实际上，这些食品胶是常规的食品原料。所谓的"增稠"在传统的食品中也很常见，比如"勾芡"，是用淀粉来增加汤汁的黏度；凉粉，也是碳水化合物形成的食用胶。正规厂家食品添加剂的量都会控制在安全范围内，增稠剂更不会导致血液黏稠。

小贴士

酸奶是由鲜牛奶发酵而成的，富含蛋白质、钙和维生素。尤其对那些因乳糖不耐受而无法享用牛奶的人来说，酸奶是个很好的选择。酸奶一经加热，所含的大量活性乳酸菌便会被杀死，不仅丧失了它的营养价值和保健功能，也会使酸奶的物理性状发生改变，形成沉淀，其特有的口味也消失了，因此饮用酸奶不能加热。

吃反季节果蔬有害健康

流言 反季节果蔬会使用很多农药,吃了有害健康。

这种说法不恰当。反季节果蔬不等于使用很多农药的果蔬，适量食用反季节果蔬同样能补充营养，关键在于科学选择与清洗到位。

农药并不是想用就用，无论是应季还是反季的果蔬，用多了或用错了农药都会伤害果蔬、增加成本，还可能导致抽检不合格等问题。

反季节果蔬的种植并非依赖于农药的大量使用，而是通过一系列科学的农业技术手段实现的。比如借助温室、大棚等技术手段调节环境，采用生物防治、物理防治等多种手段减少化学农药的使用。

小贴士

生物防治大致可以分为以虫治虫、以鸟治虫和以菌治虫三大类。它是降低杂草和害虫等有害生物种群密度的一种方法。它利用了生物物种间的相互关系，以一种或一类生物抑制另一种或另一类生物。其最大的优点是不污染环境，这是使用非生物防治病虫害方法所不能比的。

吃芹菜可以降血压

流言 芹菜中的芹菜素能舒张血管,所以吃芹菜可以降血压。

真相

科学实验表明,芹菜中含有的芹菜素可以作用于血管内皮,进而舒张血管。舒张血管确实对降低血压有好处。

但定量研究显示:降低老鼠的血压大概需要0.026克/千克芹菜素。就是说,1千克的老鼠一次吃0.026克芹菜素才能降低血压。照此估算,体重60千克的人一次要吃1.56克芹菜素。

不同品种的芹菜以及芹菜的不同部位中,芹菜素的含量不同,大致在0.003%~0.088%之间;而且叶子中的含量更高,我们爱吃的芹菜茎中的含量反而较低。

按照最高含量0.088%计算,1千克芹菜含有0.88克芹菜素。换句话说,要想通过吃芹菜达到降血压的效果,首先得学会挑选芹菜素含量最高的品种,其次要把芹菜茎丢掉,只吃芹菜叶,最后,还要一次吃上1.7千克以上,这显然是不现实的。

小贴士

血压是指血液在血管内流动时作用于单位面积血管壁的侧压力,它是推动血液在血管内流动的动力。在不同血管内被分别称为动脉血压、毛细血管压和静脉血压,通常所说的血压是指体循环的动脉血压。

"无菌蛋"没有细菌，可放心生食

流言 市面上流行的"无菌蛋"，不含沙门氏菌，无蛋腥味，蛋黄更黄，可以放心生食。

"无菌蛋"一般指经过巴氏杀菌以及严格加工处理的鸡蛋,其内部细菌含量很少,但并非完全无菌,所以称其为"少菌蛋"更合适。

普通鸡蛋通过高温加热,其所含致病性微生物基本都会被杀死,因此没必要过度追求无菌。特别是常见的食源性致病菌沙门氏菌,这种细菌有很强的耐低温性,可在冰箱中存活3~4个月,而当环境温度达到100 ℃时就会直接死亡。

商家宣称的无腥味、蛋黄更黄,也并非"无菌蛋"的专属,鸡蛋是否有腥味主要与饲料及鸡的品种有关,蛋黄颜色则取决于饲料等食物来源。

需要注意的是,水煮蛋中91%的蛋白质可被人体吸收,而生吃的话,这个数值约为55%。因为生鸡蛋含有一些蛋白酶抑制剂,会影响蛋白质的消化吸收。生食"无菌蛋",不如吃煮熟的普通蛋。

小贴士

鸡蛋壳上面有成千上万个细小的孔穴,蛋壳表面的一层肉眼看不见的保护膜将那些孔穴"封闭"了。这样,外面的细菌就很难进入鸡蛋内部,鸡蛋内部的营养物质也不易流失。如果长时间保存前先清洗鸡蛋皮会破坏这层保护膜,细菌和病毒就非常容易通过孔穴进入蛋内,导致鸡蛋变质。

食品保质期越长，防腐剂越多

流言 保质期较长的食物，肯定是添加了较多的防腐剂。

真相

食品保质期的长短跟食品本身的特性、杀菌工艺、包装形式有关。比如像醋、酒精类产品,保质期是比较长的,因为这类食品本身就有抑制微生物生长的作用。一些食品国家允许不标明保质期,也跟食品本身的这种特性有关。

有些牛奶类产品保质期也较长,这是由于此类牛奶制品采取高温灭菌和真空包装的方式,隔绝了空气。一般经过这类加工和包装的食品保质期都比较长,这不是添加过多的防腐剂造成的,食品的保质期长短和防腐剂的添加量大小并不成正比。

小贴士

防腐的方法很多,原理各异,大致包括六种。

1. 低温:可利用4 ℃以下的各种低温保藏食物、生化试剂、生物制品或菌种等。

2. 缺氧:可采用抽真空、充氮或二氧化碳、加入除氧剂等方法来有效防止食品和粮食等的霉腐、变质。

3. 干燥:采用晒干、烘干或紫外线干燥等方法对食品进行干燥保藏,是最常见的防止它们霉腐的方法;此外,在密封条件下,用生石灰、无水氯化钙等作吸湿剂,也可达到食品、药品和器材等长期防霉腐的目的。

4. 高渗:通过盐腌和糖渍等高渗措施来保存食物,是在民间早有流传的防霉腐方法。

5. 高酸度:利用乳酸菌的厌氧发酵使新鲜蔬菜产生大量乳酸,借助这种高酸度而达到抑制杂菌和防霉腐的目的。

6. 高醇度:用白酒或黄酒保存食品。

牛奶、大豆会让未成年人性早熟

流言 牛奶、大豆中含有雌激素,会导致未成年人性早熟。

真相

只要购买的是正规厂家的牛奶,不必过于担心雌激素问题。牛奶中的雌激素来源是奶牛产奶过程中自然分泌的天然雌激素。天然雌激素在牛奶中含量很低,对人体也没有危害。

大豆及其制品中含有的雌激素是大豆异黄酮,它是谷类和豆科植物在生长中形成的次级代谢产物,属于植物雌激素,不同于人体内的雌激素。常吃含有大豆异黄酮的食物,不仅不会致癌,也不会使人性早熟,反而有助于预防很多疾病。

小贴士

性早熟是指男童在9岁前、女童在8岁前呈现第二性征,如男孩喉结突出、长出胡须,女孩乳房发育、长出阴毛等现象,是一种生长发育异常的内分泌疾病。除了肿瘤、基因突变、放疗等因素外,还有很多可能引起儿童性早熟的因素,如肥胖,进食蜂王浆、燕窝等补品,长期开灯睡觉,长时间接触电子产品等。

红心土鸡蛋更有营养

流言 土鸡蛋更健康，更有营养。如何识别土鸡蛋？最好的办法就是看蛋黄。蛋黄呈红色的，就是土鸡蛋。

真相

鸡蛋黄的颜色来自饲料中的色素，通常用玉米喂出来的鸡，蛋黄颜色是淡黄色的，用小麦、大米喂出来的鸡，蛋黄则是很浅的黄色。如果是散养鸡，吃的是草和虫，会积累较多叶黄素等色素，导致蛋黄颜色呈深黄或偏红。为了调节蛋黄颜色，饲料里面可以人为添加天然的胡萝卜素、万寿菊粉、海藻粉、辣椒粉等，或人工合成的斑蝥黄（又叫角黄素）等。红心蛋和普通鸡蛋的差异只是微量的黄色素，其营养价值并没有什么区别。

很多人觉得土鸡蛋安全，"洋鸡蛋"是喂激素的，其实这是误解。鸡蛋之所以产量高，很大程度上是因为鸡的品种。那些被"定位"为下蛋品种的鸡，根本不需要用激素，用了反而会添乱。散养土鸡蛋由于鸡是散养，环境其实未必有控制，如果它生活在工业污染源附近，反而更麻烦。比如之前曾有人检测了垃圾焚烧厂附近的土鸡蛋，结果二噁英含量相当高，这样的散养蛋，对健康是有危害的。

小贴士

每100克鸡蛋平均含蛋白质12.58克，主要为卵白蛋白和卵球蛋白，其中含有人体必需的8种氨基酸，并与人体蛋白的组成极为近似，人体对鸡蛋蛋白质的吸收率可高达98%。蛋黄中含有丰富的卵磷脂、固醇类、叶黄素以及钙、磷、铁、维生素A、维生素D及B族维生素。

地暖辐射会致白血病

流言 地暖会造成白血病、诱发心血管疾病，还会造成白内障等视力问题，原因在于供暖辐射。

地暖就是在地板中均匀铺设热媒，比如热水管、电缆等，利用热辐射的原理，达到取暖的效果。实际上，自然界中的物体都会向空间发出热辐射，同时又不断地吸收其他物体发出的热辐射，这样才有物体间的热量传递，例如阳光就是通过热辐射传到地球的。热辐射只是热传递的一种方式，且只有热辐射可通过真空传播，这种辐射中没有化学物质，不会对人有伤害。

至于传言中提到的热辐射能引起白血病，这并没有相关数据和研究能证实。若非要说"地暖会造成白血病"，那只有一种可能，就是室内装修材料中的挥发性物质引发的。复合地板胶黏剂中存在挥发性甲醛，当室内温度升高时，甲醛会挥发得更快，危害健康。

小贴士

热辐射是指物体由于具有温度而辐射电磁波的现象，是热量传递的三种方式之一。一切温度高于绝对零度的物体都能产生热辐射，温度越高，辐射出的总能量就越大，短波成分也越多。

Wi-Fi 辐射会损害健康

流言 无线路由器附近的植物不发芽,所以 Wi-Fi 辐射损害健康。

真相

影响种子发芽的因素有很多,不能认定就是 Wi-Fi 的影响。人体是一个比种子复杂很多的系统,更不能由此类推 Wi-Fi 对人体的影响。最常见的无线路由器,其辐射功率在几十到上百毫瓦之间,比普通手机的功率小(手机最大辐射功率可达 2 瓦)。辐射的强度和距离成平方反比。相比于手机,无线路由器等 Wi-Fi 设备离使用者的距离要远得多,这使人们接受其辐射的功率密度要小得多。符合标准要求的设备在正常使用情况下,Wi-Fi 辐射对人体健康和安全的影响基本可以忽略不计。

小贴士

如何防止别人蹭用你的 Wi-Fi?

1. 更改默认 Wi-Fi 密码,最好包含大小写字母、数字和特殊字符的组合。

2. 将 Wi-Fi 网络名称(SSID)修改为不易被猜到的名称,避免使用家庭地址、电话号码或其他个人信息。

3. 确保网络使用最新的加密标准。

4. 可以设置路由器只允许特定的 MAC 地址(设备的物理地址)连接到你的 Wi-Fi 网络。

5. 确保路由器运行的是最新的固件版本,以修复已知的安全漏洞。

6. 启用路由器的防火墙功能,可以阻止未授权的访问和各种网络攻击。

穿防辐射服
可防引力波

流言 高科技银纤维背心能防引力波和重力波。

真相

发现引力波的报道被广泛传播之后，市面上出现了众多的引力波产品，其中大部分都是用于防引力波辐射的，因为很多人只要看到"辐射"这两个字就会"恐慌"——既然引力波已经到达地球了，当然要想办法防引力波辐射！而专门为孕妇做的防引力波辐射服最为畅销。

实际上，任何温度高于绝对零度（-273.15 ℃）的物体都在不停向外辐射能量，物体向外辐射能量的大小及其按波长的分布与它的表面温度有着十分密切的联系，物体的温度越高，所发出的红外辐射能力越强。但只有能量高的电离辐射才有破坏人体的能力，如X射线等。即便是电磁波，如果不是长时间暴露在强电磁波下，对人体的影响也是微弱的。引力波作为一种携带能量的时空波动，一直存在于宇宙中，对人体产生的影响微乎其微，根本谈不上需要加紧防护。

小贴士

引力波，在物理学中是指时空弯曲中的涟漪通过波的形式从辐射源向外传播，这种波以引力辐射的形式传输能量。1916年，爱因斯坦基于广义相对论预言了引力波的存在。

5G 基站比 4G 基站辐射更强、危害更大

流言 手机基站都有辐射,由于 5G 基站比 4G 基站铺设得更加密集,所以 5G 辐射会比 4G 大,对人体危害很大。

真相

网络提速不是靠增强通信基站的信号发射功率,而是靠扩容传输带宽,就像拓宽高速公路一样。辐射其实是一种能量传递方式,网络提速和基站辐射增值无关。而且,通信基站数量越多,手机通话效果越好,手机和基站之间产生的电磁辐射反而越小。

地球本身就是一个大磁场,自然界电闪雷鸣、太阳黑子活动等都在产生电磁辐射。在生活中,无线电台、基站天线以及微波炉、电磁炉、电脑、电视机、吹风机、收音机等和人们生活密不可分的家用电器也会产生电磁辐射。一般来说,吹风机的辐射量可以达到100微瓦/厘米^2,电磁炉的辐射量甚至能达到580微瓦/厘米^2,家庭中常用的无线路由器,在1米范围内产生的辐射量也有60微瓦/厘米^{2}以上。

通信基站的电磁辐射,按照国家标准要求,要小于40微瓦/厘米^2。在实际执行的时候,运营商考虑到信号叠加的因素,工程施工要控制在8微瓦/厘米^{2}以内。所以,无论是与国家标准还是与常用的家用电器相比,通信基站的辐射量都微乎其微,不会对人体产生危害。

小贴士

第五代移动通信技术简称5G,是一种具有高速率、低时延和大连接特点的新一代宽带移动通信技术,5G通信设施是实现人机物互联的网络基础设施。

食用碘盐可预防核辐射

流言 通过食用碘盐,人们能够预防放射性碘在甲状腺的蓄积,以达到保护甲状腺的目的。

真相

通过食用碘盐防核辐射的想法并不可取。

我国食盐加碘的目的是防治碘缺乏病。环境缺碘地区通过在食盐中加碘,可以安全、便捷、长期地对全民进行碘营养的补充,避免碘缺乏病影响居民健康。根据我国《食品安全国家标准 食用盐碘含量》规定,每千克食盐中含碘20~30毫克。

在核污染事故中,人体摄入放射性碘后,其主要蓄积在甲状腺内,发生初期如果要通过食用碘盐保护甲状腺,需要1次摄入"稳定碘"100毫克,这相当于1次摄入3千克到5千克食用碘盐,而《中国居民膳食指南(2022)》中明确提出,"成年人每天摄入食盐不超过5克"。如果过量摄入,会对人体各个脏器造成严重的负担,会诱发或加重心脑血管疾病以及慢性肾病,严重者可能造成脱水,甚至死亡。因此,想通过食用碘盐防核辐射,不可取。

小贴士

碘盐应贮存于玻璃或陶瓷罐中,加盖密封放置于低温阴凉处。同时,碘盐不宜久存,以随食随买为宜。我们日常的食物中,海洋生物的含碘量较高,如海带、紫菜、鲜带鱼、蚶干、蛤干、干贝、淡菜、海参、海蜇、龙虾等。

辐照食品有放射性，不能吃

流言 辐照食品被放射性射线照射过，带有放射性，不能食用。

真相

辐照食品是利用了放射性射线食品灭菌保鲜技术,其原理为利用高能电子束、X射线或γ射线等照射食品。由于具有较强的穿透能力,辐射线可以使食品中的水分、微生物等发生电离,破坏生物的DNA,进而破坏生物膜及产生细胞损伤现象,从而有效地杀灭食品表面的虫卵、细菌等有害物质,抑制食品发芽、腐烂等过程,延长食品的保存时间。

辐照食品与放射性食品不同。放射性食品通常是指在核事故发生后,放射性物质在内部大量堆积的食品,这种遭受核污染的食品是不可以食用的。而辐照食品通常受到国家有关监管部门的监督,采取严格的食品安全性评估机制,按照相关标准进行辐照,以达到延长食品保存期、杀灭食品表面有害物质的目的。辐照食品没有放射性污染残留,已趋于成熟的食品辐照技术也不会对食品安全产生威胁,不会损害食品本身的口感和营养价值。

小贴士

辐照食品比用巴氏杀菌法消毒、热杀菌,或者罐装的食品能更长时间保持食品原有口感。

高铁辐射会导致女性"不孕"

流言 国产高铁存在严重的辐射问题,坐高铁等同于照X射线,对人最大的危害就是破坏女性生殖系统,会导致女性"不孕"。

真相

我国高速铁路上运行的列车，使用的电力一般为2.5万伏特、50赫兹的交流电。这个频率段的电场和磁场，为"极低频电磁辐射"，属于非电离辐射，不同于X射线的电离辐射。所以"坐高铁等同于照X射线"会导致女性"不孕"的说法不科学。

有电的地方就有辐射，普通火车、地铁、手机、剃须刀都有辐射，甚至太阳光也有辐射。只要辐射在一个安全值内，就不会对人产生影响。国际非电离辐射防护委员会规定，高铁产生的磁场辐射的安全标准为100微特斯拉（磁感应强度单位）以下，电场辐射的安全标准为5千伏/米以下。

北京铁路局专业人士曾专门对高铁车厢中的电场辐射进行测量并公开测量数据，不同车型的一等车厢、二等车厢、车厢连接处、驾驶室等位置，电场辐射值分布在0.011~0.021千伏/米的范围内。其数值远远低于国际标准，不会对人体造成伤害。

小贴士

辐射是以电磁波的形式向外放散的，它是以波动的形式传播能量。无线电波和光波都是电磁波。电磁波的传播速度很快，在真空中的传播速度与光速（3×10^{10}厘米/秒）相同，在空气中稍慢一些。

新能源汽车辐射强，会致癌

流言　新能源汽车的辐射很强，长期开这类车会导致癌症。

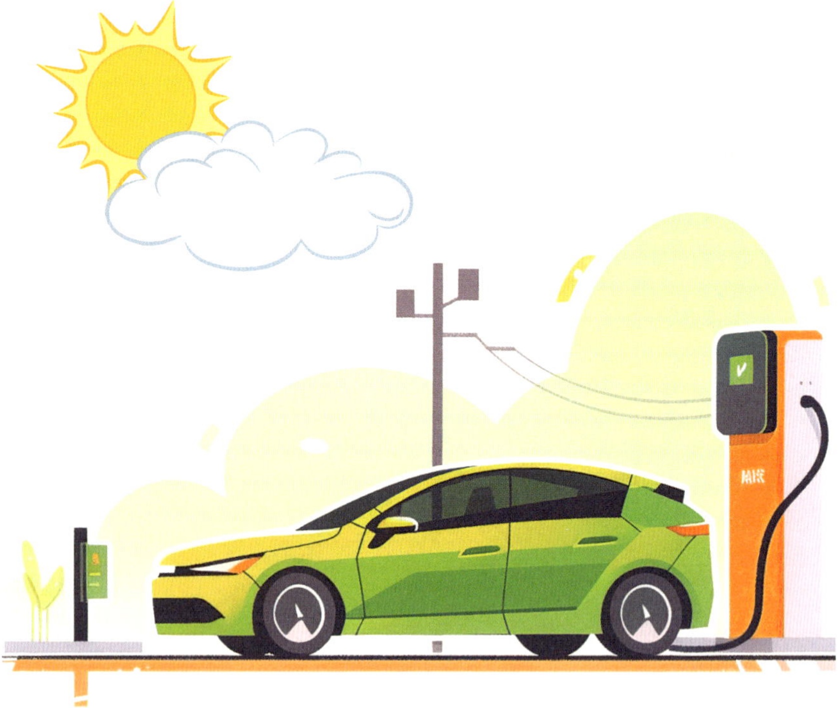

真相

该说法没有科学依据。新能源汽车确实有辐射,但其辐射量在安全范围内。国家对电磁辐射有严格的限值要求,任何车辆在上市前都要进行"EMC测试",即对电子产品在电磁场方面干扰大小和抗干扰能力的综合评定。目前使用的国家标准,磁场辐射安全标准限值为100微特斯拉,电场辐射安全标准为5千伏/米以下,而新能源汽车前排磁场辐射一般为0.8~1.0微特斯拉,后排为0.3~0.5微特斯拉,车内各部分的电场辐射小于0.005千伏/米。如果车辆通过了符合国家标准的正规测试,完全可以保证车上电子产品的电磁辐射水平在安全范围之内。

小贴士

新能源汽车是指采用非常规的车用燃料作为动力来源(或使用常规的车用燃料、采用新型车载动力装置),综合车辆的动力控制和驱动方面的先进技术,形成的技术原理先进,具有新技术、新结构的汽车。新能源汽车包括纯电动汽车、增程式电动汽车、混合动力汽车、燃料电池电动汽车、氢发动机汽车等。

隔空充电有辐射危险

流言　"隔空充电"技术产生的辐射极强,会危害身体健康。

真相

无线充电技术按照技术原理可以分为三大类,即电磁感应式、电磁共振式和无线电波式。无论哪种方法,其技术基础都离不开电磁波,电磁波会产生辐射,频率越高、能量越大,相对应的辐射越强。讨论辐射对人体的影响必须考虑辐射量,如果电子产品的充电功率不高,对人体的影响是可以忽略不计的。

辐射标准与空间面积也有关系。根据国际非电离辐射防护委员会制定的安全上限,人体承受的安全辐射值为10瓦/米^{2}以内。如果按照家庭住房面积90米^{2}计算,居民家中可以承受的辐射功率最大为900瓦左右。隔空充电的充电桩,根据推算,最高发射功率只有25瓦,所以是能够保证人体安全的。无线电波式隔空充电技术是以"毫米波"极窄波束的形式将电能传递给手机的,目前没有实验数据表明,毫米波会带来辐射,因此不会给人体健康带来负面影响。

小贴士

无线充电技术源于无线电能传输技术,可分为小功率无线充电和大功率无线充电两种方式。小功率无线充电常采用电磁感应式,如对手机充电的Qi方式,大功率无线充电常采用电磁共振式(大部分电动汽车充电采用此方式),由供电设备将能量传送至用电的装置,该装置使用接收到的能量对电池充电,同时供其本身运作之用。由于充电器与用电装置之间以磁场传送能量,不用电线连接,因此可做到无导电接点外露。

受冻会导致关节炎

流言 长期或严重的寒冷刺激可削弱关节软骨的新陈代谢及免疫防御能力,使软骨面溃烂、破损而发生炎症,患上关节炎。

真相

大多数骨关节炎都与关节达到使用寿命有关，一些自身免疫性关节炎则是免疫系统紊乱而攻击自身关节组织所致。此外也有微生物感染所导致的化脓性关节炎，但没有由寒冷直接导致的关节炎。关节炎患者在受凉后可能会出现关节疼痛的症状，让人误以为寒冷是导致关节炎的"罪魁祸首"。

小贴士

如何预防关节炎发病？

1.潮湿的环境有助于某些病原菌生长，与关节炎的发病有一定关系。因此，平时应注意卫生，保持居室通风和空气良好，防潮、保暖，避免病原菌尤其是链球菌传播。除此之外，其他环境因素如紫外线、对某些化学物质的接触，可能使某些易感人群产生异常免疫反应，导致不同关节炎的发生。

2.营养缺乏可能导致关节炎加重，而营养过剩、肥胖则可诱发或加重痛风性关节炎、骨关节炎，因此，科学合理的饮食是预防某些关节炎发生的措施之一。

3.适量运动，保持心情愉悦，有利于预防由自身免疫病引起的关节炎。

天气变凉，
输液可以预防脑卒中

流言 秋凉换季，输液可以扩张血管，有效预防脑卒中。

真相

目前没有足够证据证明定期输液可以预防脑卒中。输液用的一般是活血化瘀的中药注射剂，或者西药中的扩血管药物。其作用机理是暂时性地扩张血管、降低血液黏稠度、增加循环血容量、改善脑灌注，只会起到短暂的治疗作用。这类药物一般作用时间是6~8小时，不可能永久疏通血管，预防脑卒中。而且，这些药物作用于血管，等于提前透支了血管的扩张能力，当真正出现脑梗死等症状需要输液时，往往会出现药物耐受，导致治疗效果欠佳，甚至错失真正的抢救治疗良机。

此外，"输液扩张血管"并不像常人想象的那么简单。通过静脉输注溶栓药物是脑卒中急性期的抢救方式，这种方式有着十分严格的限制条件，比如溶栓距离发病时间不宜超过5个小时，另外有出血史及手术外伤病史的患者是不能溶栓的。

脑卒中发病机制很复杂，凡是不结合致病因素而进行的干预行为，都难以起到预防作用，单纯用输液预防脑卒中是不科学的。

小贴士

血管是生物运送血液的管道，依运输方向可分为动脉、静脉与毛细血管。动脉从心脏将血液带至身体组织，静脉将血液自组织间带回心脏，毛细血管则连接动脉与静脉，是血液与组织间物质交换的主要场所。

感染幽门螺杆菌一定会得胃癌

流言 幽门螺杆菌是一级致癌物，感染了幽门螺杆菌，就离胃癌不远了。

幽门螺杆菌确实是一级致癌物,但这并不表示感染了幽门螺杆菌一定会得胃癌。

胃癌的发生还受遗传、饮食等其他因素的影响。研究表明,幽门螺杆菌感染者中,只有1%发生胃恶性肿瘤。

根除幽门螺杆菌的办法主要是"四联方案",即两种胃药搭配两种抗生素,连续服用14天。而面对幽门螺杆菌,在治疗上也并非"见菌杀菌",因为不是每位幽门螺杆菌感染者都需要做杀菌治疗。当幽门螺杆菌检查结果为阳性时,对于一些有危险因素的人群,比如有胃癌家族史、消化性溃疡病史、萎缩性胃炎、难治性胃病或者患有淋巴瘤等跟幽门螺杆菌相关疾病的人,必须做杀菌治疗。还有一部分人如出现相关胃病症状,需要结合胃镜检查,由医生决定是否进行杀菌治疗。对一些没有胃癌家族史的无症状感染者,杀菌治疗并不是必需的。

小贴士

幽门螺杆菌是一种在胃黏膜上发现的革兰氏阴性螺杆菌,生长在微氧环境,氧化酶和过氧化氢酶阳性,有光滑的细胞壁及1~5根鞭毛,后者套入鞘内且末端呈球状。

跑步的人
易患关节炎

流言 经常跑步的人会损伤关节,容易得髋关节炎和膝关节炎。

真相

导致关节炎的风险因素包括年龄、家族史、超重和受伤等，而跑步的时间长短、强度、距离和完成的长跑次数与关节炎没有任何关联。换句话说，年纪大、体重高、有关节炎的家族史或者曾经有过关节受伤的人更容易得关节炎。

长跑并不毁关节，马拉松运动员得关节炎的比例反而比普通人低。2017年的一项大规模研究显示，出于健身目的的跑步者，关节炎发生率仅为3.5%，而久坐不动人群的关节炎发生率为10.2%。也就是说，跑步可以是关节的保护因素，关键在于采用正确的跑步方式。

总之，根据自己的身体状况，在自己力所能及的范围内跑步，只要方法得当，对关节和健康都是有益处的。

小贴士

以下人群不宜长跑：

1. 有潜在疾病者。此类疾病主要是心脑血管疾病。

2. 平时无体育锻炼者。如果运动量大大超出平时负荷，可能导致运动伤害甚至发生运动性猝死。

3. 轻度活动就有胸闷、头痛、头晕等不适症状者。

4. 老年高血压和糖尿病患者。

孩子发烧时"捂汗"可以退烧

流言 孩子感染病毒后发烧打寒战发冷,此时裹上被子捂汗,就能退烧了。

真相

许多人都有这样的经验，发烧时捂出来一身汗后就退热了。其实，出汗是退热的结果，并不是退热的原因。

发烧时，体温变化会经历三个阶段：体温上升期，畏寒或打寒战；高热持续期，体温上升达高峰，并持续一段时间，其间能量消耗大，口干舌燥，浑身发烫；体温下降期，出汗散热，皮肤潮湿。

由于婴幼儿语言表达能力不到位，等家长发现孩子发烧的时候，一般已经接近或处于高热持续期。此时捂得严严实实，反而影响散热，不仅体温不降，还可能导致一种专属于婴幼儿的临床疾病：捂热综合征。所以，当孩子发烧进入高热持续期时，千万不能捂。

孩子发烧并不可怕，关键在于家长的退烧方法是否正确。如果孩子体温没有超过 38.5 ℃，家长完全可以给孩子进行物理降温。

小贴士

正常人的体温是相对恒定的，通过大脑和丘脑下部体温调节中枢的调节，以及通过神经体液的作用，使产热和散热保持动态平衡。正常体温不是一个具体的温度值，而是一个温度范围。临床上所指的体温是指平均深部温度，一般以口腔、直肠和腋窝的体温为代表，其中直肠体温最接近深部体温。正常值：口腔舌下温度为 36.3~37.2 ℃，直肠温度为 36.5~37.7 ℃，腋下温度为 36.0~37.0 ℃。

身体发现结节要立即切除，以防癌变

流言　身体发现结节后一定要立即切除，不能等，否则日后肯定会癌变。

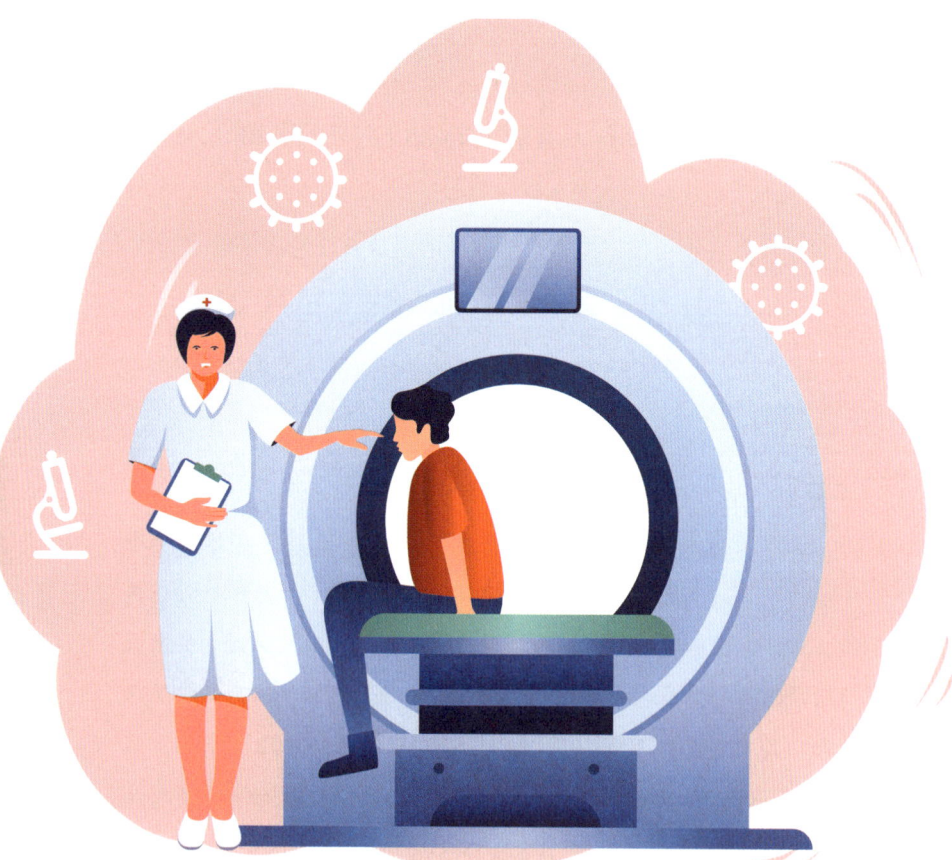

真相

结节，通俗来讲是指体积相对较小的无感觉或有疼痛感的肿块。颈部、腋下、乳腺，以及身体各处的皮下，都有可能看到、摸到结节；也有一些结节长在"隐秘的角落"，不容易被发现，如长在肺部、肝脏、肾脏、心脏等脏器上的结节，需要借助影像学检查才能发现。

对于结节不必过度紧张，90%以上的结节都是良性的。良性结节一般不需要处理，而且有的结节终生都是良性的，比如瘢痕性结节。不过，一旦查出有结节，就需要随时观察，并到医院就诊，以便判定结节的性质以及分级。

像乳腺结节这样能摸到的结节，可以自行感知结节的大小和硬度等变化；长在四肢和体表等部位的结节，要随时观察、触摸。而肺结节等则需要专业检查。如果分不清是不是结节，建议去医院就诊。

需要格外注意的是，万不可"无差别"切除结节，因为切除结节也会对身体造成一定的影响。切除结节，对患处的局部组织会造成一定的破坏。要不要切除、何时切除，需要医生根据情况进行判定。

小贴士

定期体检有助于及时发现早期潜在疾病，便于尽早采取措施。建议45岁以上成年人每年做一次肺部CT检查，最好是薄层CT扫描；40岁以上女性每年做一次乳腺彩超，每两年做一次乳腺钼靶检查；普通人群最好每年检查一次甲状腺。

咳嗽久了会成肺炎

流言 感冒后咳嗽时间长了，会累及下呼吸道，引发肺炎。

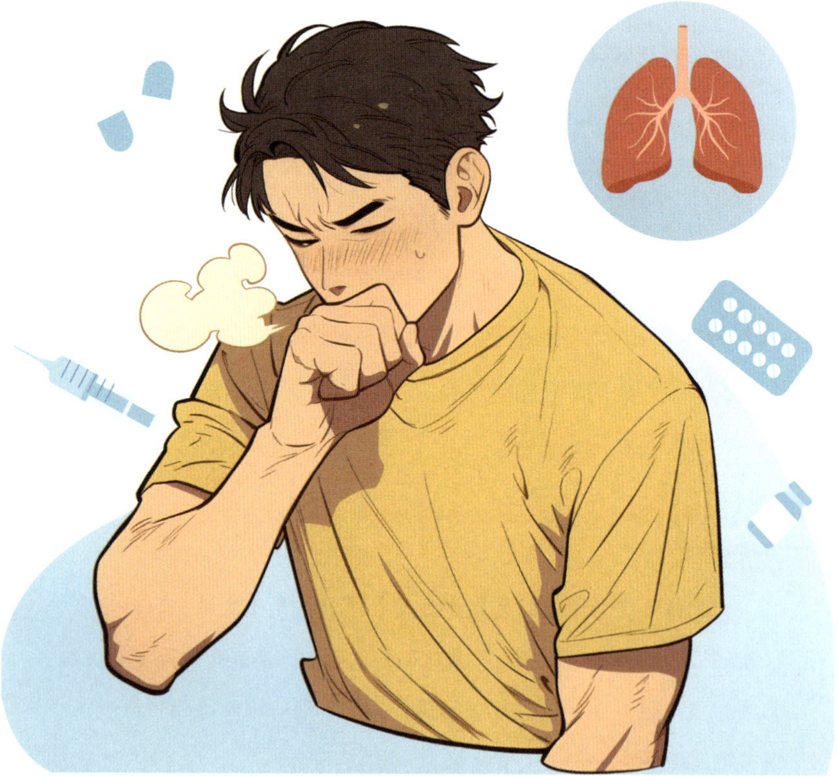

真相

咳嗽和肺炎是不同的概念，咳嗽只是疾病的症状，它本身不是一种疾病。咳嗽可能由各种原因引起。当病毒、细菌等病原体仅累及上呼吸道还未累及下呼吸道时，通常就会出现咳嗽症状。普通感冒可以导致咳嗽，肺炎也可以导致咳嗽，但咳嗽本身不会引起肺炎。

小贴士

肺炎是由细菌、病毒或其他微生物引起的肺部感染，这类感染主要侵犯肺泡，其中细菌性和病毒性肺炎最为常见。除感染病原体，也可能由理化因素、免疫损伤、过敏和药物引发。肺炎的临床症状包括发烧、咳嗽、呼吸困难等，部分病例会表现为持续高烧和持续咳嗽等症状。病毒性肺炎可通过短距离飞沫传播，具有一定的群体聚集性发病特点。

烫伤后
应该抹牙膏和酱油

流言 烫伤后,在伤口上涂抹牙膏、酱油,可以减轻疼痛,消除肿胀。

真相

在烫伤部位涂上牙膏，会立刻产生清凉舒适之感，给人带来"涂牙膏真的很有效"的错觉，这仅仅是因为牙膏中含有薄荷成分而已。其实，这种清凉感对治疗烫伤没什么帮助，而且，干了之后，牙膏会附着在创面上，不仅会增加伤口清理难度，还会影响伤口处热量的散发。

实际上，牙膏不是医疗用品，在伤口上涂抹牙膏可能造成细菌污染，进而引起感染。同样，烫伤后涂抹酱油，不但不能减轻伤情，还会刺激伤口，加重受伤程度，增加感染机会，去医院就诊时，还可能干扰医生诊断。

小贴士

如何避免被烫伤？

1. 冬季使用热水袋保暖时，热水袋外边要用毛巾包裹，手摸上去不烫为宜。热水袋的盖要拧紧，确保既保暖又不会造成烫伤。

2. 洗澡时，应先放冷水再兑热水，水温不高于40 ℃。热水器温度应调到50 ℃以下，水温在65~70 ℃时，两秒钟内就可能使幼儿严重烫伤。

3. 暖气和火炉的周围一定要设围栏，以防孩子烫伤。

4. 不要让幼儿轻易进入厨房。

5. 将可能造成烫伤的危险品移开或加上防护措施。

6. 家庭成员要定期进行急救知识培训，并检查落实情况，时常提醒孩子自我防烫伤。

狂犬病潜伏期长达十几年

流言 狂犬病具有一定的潜伏期,人被已感染的动物咬伤后,狂犬病毒在人体内最多能潜伏十几年。

真相

狂犬病是由狂犬病毒引起的一种人畜共患的急性传染病,死亡率几乎达到100%。世界卫生组织的研究数据表明,99%的狂犬病毒会在1年内发作。

潜伏期长短与病毒的毒力、侵入部位的神经分布等因素相关。病毒数量越多,毒力越强;毒力越强,侵入部位神经越丰富、越靠近中枢神经系统,潜伏期越短。

狂犬病毒通常在患病动物咬人后通过唾液进入人体。进入人体后,会在肌肉组织内逗留一段时间,少量复制,然后沿着神经末梢向脊髓和大脑方向前进,大约每天几厘米。最后,病毒抵达脑部大量复制,直接攻击人体的控制中枢,这时,免疫系统已经来不及提供保护了。

狂犬病毒潜伏期以1~3个月者居多,绝大多数病例从感染到发病时间为20~60天,一周以内或1年以上的极少。有研究表明,狂犬病的最长潜伏期可以长达6年。

小贴士

狂犬病是一种可通过疫苗预防的疾病。在流行地区实现70%覆盖率的大规模犬类疫苗接种可阻断狂犬病毒在动物源的传播并挽救人的生命。人类狂犬病疫苗接种主要用于暴露高危人群的暴露前预防。世界卫生组织及其合作伙伴已经批准了到2030年人类狂犬病零死亡的目标。

打一针疫苗就不会得癌症了

> **流言** 某生物技术公司称,针对癌症的疫苗可能在 2030 年前上市,人类终于有希望打一针就不得癌症了。

真相

这是一种误读。癌症疫苗是治疗性疫苗,而非乙肝疫苗、小儿麻痹疫苗这样的预防性疫苗。一种疫苗往往只对一种病原体有用。广谱的癌症预防疫苗不现实,因为癌症其实不是单纯的一种疾病,而是很多疾病的统称,所以,直接打一针就什么癌症都不得的想法不现实。

针对癌症也是有相关的预防性疫苗的,目前有两种,即能预防肝癌的乙肝病毒(HBV)疫苗(中国70%左右的肝癌和乙肝病毒相关)和能预防宫颈癌的人乳头瘤病毒(HPV)疫苗(99%的宫颈癌和人乳头瘤病毒相关)。

小贴士

疫苗是将病原微生物(如细菌、立克次氏体、病毒等)及其代谢产物,经过人工减毒、灭活或利用转基因等方法制成的用于预防传染病的自动免疫制剂。疫苗保留了病原菌刺激动物体免疫系统的特性。动物体接触到这种不具伤害力的病原菌后,免疫系统便会产生一定的保护物质,如免疫激素、活性生理物质、特殊抗体等;当动物体再次接触到这种病原菌时,免疫系统便会依循其原有的记忆,制造更多的保护物质来阻止病原菌的伤害。

热射病只发生在室外

流言 热射病是阳光照射过多导致的,只发生在室外,只要待在室内就不用担心。

真相

热射病是最严重的中暑类型，由暴露于高温环境和/或强体力劳动引发的体温调节失衡所致，其主要特征是核心体温升高（大于40 ℃）及中枢神经系统异常。主要症状表现为高热、意识障碍（如谵妄、惊厥、昏迷）、多器官系统损伤等。

热射病不是室外的"专利"，夏季室外高温，室内闷热、缺乏通风都可能导致热射病。

热射病不是突然发生的，在中暑发展成热射病之前，会先出现"先兆中暑""轻症中暑"等状况。要预防热射病，首先要避免中暑发生。应尽量避免待在高温（高湿）以及不通风的环境里，出行时要避开高温，做好防晒。此外，可以适当备一些防暑药品。不得不在户外作业或活动时，要注意个人身体状态，多喝水，及时休息。如果是驾车出行，切勿将儿童和宠物留在车内。

小贴士

在出现热射病症状时，需要采取相应的急救措施：

1. 将患者移到阴凉处。在室内使用冷气或电扇降温。
2. 用湿毛巾等帮助患者降温。
3. 大量饮用凉开水或盐分水，补充身体流失的水分和电解质。
4. 如果症状严重需要立即就医。

冻伤处可用雪水搓洗缓解

流言 冻伤表现为皮肤刺痛瘙痒、颜色苍白、起肿块,用雪水搓洗伤处,能缓解这些症状。

真相

用雪水搓洗冻伤处的"土方法"是不科学的,这样会加重组织损伤。一旦发现被冻伤了,首先要尽快脱离寒冷环境。如果是冻伤早期,最紧急的治疗就是用40~42 ℃的温水快速复温。比如手被冻伤了,把手泡在温水里半小时左右,直到手上皮肤恢复柔软和红润。如果肢体被冻伤了,要避免受压,同时注意抬高患肢以减轻水肿。如出现红肿、疼痛加重或出现肤色青紫等症状,需及时就医。

小贴士

天气寒冷时,皮肤暴露处要多加保护。冻疮在生活中比较常见,这种冻伤是由冰点以上、10 ℃以下的低温造成的,常发生在身体血液循环较差的末梢部位,如手指、手背、脚趾、脚跟、耳廓等。冻伤之后要及时科学治疗,同时注意预防感染,保持患处的清洁卫生,尤其不要用手抓挠。

杨絮会导致"花粉症"

流言 杨絮是杨树开的花,携带大量花粉,会导致"花粉症"。

真相

杨树是雌雄异株植物，分雌树和雄树。我们看到的"杨絮"其实是杨树的种子，是雌树经风媒授粉结果后，果实成熟开裂释放出来的。而"花粉症"过敏主要是由花粉蛋白，也就是雄树产生的数量上亿的花粉颗粒引起的，但是因为花粉颗粒直径微小，通常无法用肉眼观察到，人们也就不容易意识到花粉的存在，所以常把过敏错误地归咎于看得见的杨絮。杨絮本身并不是过敏原，但因杨絮中可能会夹杂着花粉、尘埃，仍然会让一些过敏体质的人头疼不已。因此，应对过敏最重要的是避免接触过敏原，在家注意关闭门窗、打开空气净化器。出门要戴口罩、防花粉眼镜等。

小贴士

如何预防花粉过敏？平时应尽量减少高蛋白质、高热量的饮食。有过敏史的人，如曾患有过敏性哮喘、过敏性鼻炎、荨麻疹或过敏性皮炎、湿疹的，应尽量少去花草、树木茂盛的地方，更不要随便去闻花朵。外出郊游时最好戴上帽子、口罩和穿长袖的衣物，尽量避免与花粉直接接触，随身携带脱敏药物。若遇皮肤发痒、全身发热、咳嗽、气急时，应迅速离开该地。如症状较轻，可自行口服脱敏药物，或者外涂。一旦出现哮喘症状，则应及时到医院诊治。

饭后马上活动会导致胃下垂

流言 刚吃饱时的胃就像灌了水的气球,如果此时跑跳运动,胃就会像气球一样,被里边的东西"坠"到变形,引发胃下垂。

真相

我们的内脏其实依附着肌肉,连接了很多韧带、筋膜等,被"兜"在它应该待的地方,虽然能活动少许,但很难发生剧烈的移动。而胃下垂则是因为这套"悬挂系统"出了问题,比如膈肌悬吊力不足,支持的韧带功能减退、松弛,腹内压下降,胃张力低下,腹肌松弛。长期劳累、用脑过度、胃肠蠕动亢进、膈肌位置下降等均可能导致胃下垂。长期进食少或者暴饮暴食也会增加胃下垂的风险,但胃下垂往往是各种因素日积月累导致的,跟饭后轻度运动没有什么关系。因此,我们可以不用担心"饭后百步走"导致胃下垂。

当然,如果吃得过饱又立即进行诸如跑步、跳绳之类的剧烈运动,可能导致胃里的东西返流,让人觉得不舒服,而且刚吃完就剧烈运动,可能因为腹胀等因素动作变形,也发挥不出自己的最高水平。所以,如果是剧烈运动,建议吃完饭1到2小时以后再进行。

小贴士

胃肠道主要受中枢神经系统(CNS)、肠神经系统(ENS)双重支配。肠神经系统虽然受中枢神经系统的调控,但它有独立的反射弧,具有整合功能,可直接接收胃肠道内的各种信息,可以说是一个相对独立的系统,参与调控胃肠的功能;同时,消化道壁内的神经细胞数量仅次于大脑,所以肠神经系统也被称为肠之脑。

出现皮肤问题就用红霉素软膏

流言 无论是皮肤过敏、长痘,还是蚊虫叮咬,抹点红霉素软膏就能好了。

红霉素软膏的主要成分是红霉素,是一种比较常见的抗菌药物,对大多数的革兰氏阳性菌,如葡萄球菌,有较好的抗菌活性。

红霉素软膏属于抗感染的药物,不适用于蚊虫叮咬、过敏等。红霉素软膏的适应症包括:脓疱疮等化脓性皮肤病、小面积烧伤、溃疡面的感染以及寻常痤疮。

值得注意的是,不是所有的痤疮都需要使用红霉素软膏,症状较轻且没有感染时是不需要使用抗菌药物的,只有当毛囊堵塞进而引起毛囊炎时,应用红霉素软膏才是对症的。

红霉素属于抗生素类药物,长期使用或者滥用会导致病原菌耐药情况的发生,即细菌对抗菌药物的击杀"刀枪不入",耐药菌越多,对感染的治疗也就越发困难。使用红霉素软膏前,应先咨询医师或药师,在得到确认并给予相应的用药指导后再使用。

小贴士

治疗痤疮的主要手段包括改善生活习惯、使用疗效明显的药物(如外用维A酸类药物、过氧苯甲酰过氧化物、抗生素等),以及采用光动力疗法和激光疗法等物理疗法。高糖饮食、高温环境、过度压力和熬夜都可能加速痤疮的发作。因此,保持良好的生活习惯,如饮食清淡、作息规律、运动适当以及避免长时间熬夜,都有助于预防和控制痤疮。

睡光板床可以治疗腰椎病

流言 睡硬床可以治疗腰椎病，饱受腰椎病痛困扰的人应选择光板床睡觉。

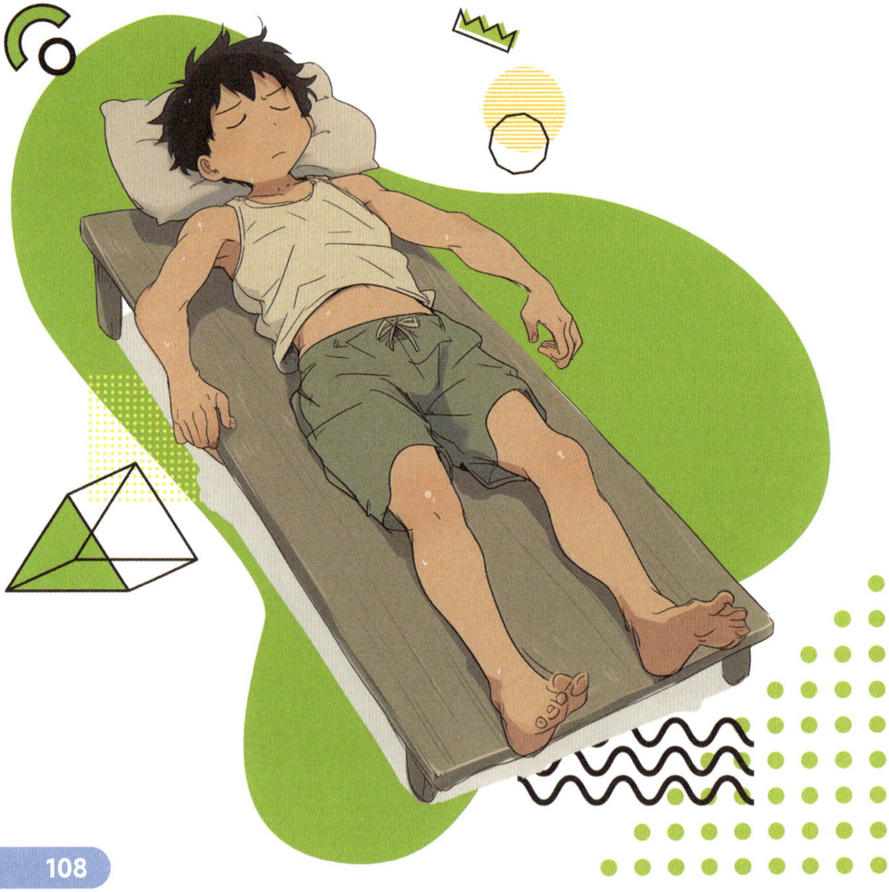

真相

人体正常脊柱生理结构有四个生理弯曲，即颈曲、胸曲、腰曲和骶曲。如果床垫过于柔软，则不能提供适当的脊柱支撑；而床垫太硬，则会使人体过度依赖肩、髋支撑，同样会造成脊柱扭曲。

如何把握床板上床垫的硬度呢？首先，床垫不能硬到不变形，也不能变形太大。3厘米厚的床垫手压时下陷1厘米，10厘米厚的床垫手压时下陷3厘米，这样的比例说明床垫软硬适中。

平躺在床垫上，伸手在脖子、腰部和臀部到大腿这三个明显弯曲的地方摸一摸，看是否有空隙。如果手掌紧贴缝隙，就证明此床垫贴合人体曲线。此外，选择床垫还需要参考性别、体重、年龄。相对而言，女性适合有弹性的床垫，男性则适合相对较硬的床垫；身材纤瘦者适合稍软的床垫，肥胖之人要睡硬一点的床垫；儿童和青少年不宜睡过软的床垫，以免对生长发育造成影响，而老年人韧带松弛，建议选用略偏硬的床垫。

缓解腰痛不是简单的一件事，不是换个床垫就能彻底解决的。日常的保养和康复锻炼、避免过度使用腰椎都是缓解腰痛的重要环节。

小贴士

正常的椎间盘是富有弹性和韧性的，抗压能力比较强，但是随着年龄的增长，椎间盘逐渐退变，髓核的含水量不断降低，椎间盘的弹性与抗负荷能力也逐渐减退了。在各种负荷作用之下，椎间盘就容易在受力最大的位置由里向外产生裂隙，再加上其他因素就容易诱发纤维环的破裂，进而髓核组织会出现突出或脱出。

"吊颈健身"可以治颈椎病

流言

近年来,老年人"吊颈健身"走红网络。将头吊在树上,身体跟随绳索摆动,经常练习就可以治疗颈椎病。

真相

"吊颈健身"虽然参考的是临床上的牵引原理,但自己盲目操作并不可取。一些中老年人本身就可能有些颈椎疾患,而且人体颈椎是有一定的曲度的,如果盲目"吊颈",靠重力强行拉伸颈椎不仅不能健身,而且存在极大的安全隐患,可能损伤神经和脊髓,严重时会导致高位截瘫,甚至致命。

除了"吊颈健身",还有很多五花八门的"健身"方式,比如头朝地、撞树、在单双杠上"飞旋"等,其中有些"健身"方式违反人体生理结构,并不适合所有人。

因此,建议运动前一定要对自己的身体进行合理评估,运动能力因人而异,千万不能盲目模仿,给身体造成不必要的损伤。

小贴士

颈椎病的症状包括颈部疼痛、僵硬,四肢麻木无力,头晕,恶心,呕吐等。严重时可表现为视物模糊、心动过速及吞咽困难等。对于颈椎病的治疗,大部分患者可以通过非手术治疗,如物理疗法、运动疗法、药物治疗等来控制症状,减少复发,提高生活质量。若症状严重,如存在严重压迫神经根或脊髓的症状,需要进行手术治疗。同时,生活方式的改善也是预防和治疗颈椎病的重要措施,如避免长时间低头、伏案工作,以及适当的肩颈部肌肉运动,都对缓解颈椎病症状有所帮助。

小伤口
用唾液就能消毒

流言 因为唾液中含有"溶菌酶",所以手指破了含一含,小的伤口涂点唾液就可以杀菌消毒。

真相

溶菌酶是生物体内重要的非特异性免疫因子，具有抗菌消炎、提高免疫力、抑制外源微生物生长等功能。唾液中虽然含有溶菌酶，但是由于含量太少，根本无法起到杀菌消毒的作用。

另外，唾液的分泌受到众多因素的影响，包括人的年龄、饮食习惯以及药物摄入情况、生活习惯等，因人而异，具有不固定性。最重要的是，往伤口上抹唾液很有可能是"毒上加毒"。因为口腔是人体寄居微生物密度最高、种类最多的区域之一，唾液中也携带了口腔的各种病毒、真菌、细菌，所以，日常生活中的小伤口，还是建议用创可贴和碘伏等处理。

小贴士

人体有多个唾液腺，小唾液腺分布在口腔各部黏膜中，有唇、颊、舌、腭四种腺体，大唾液腺有腮腺、舌下腺和下颌下腺。腮腺、颌下腺和舌下腺是主要的唾液分泌器官，唾液腺分泌的唾液通过导管流入口腔。分泌的唾液量，受到大脑皮层的控制，也受到饮食、环境、年龄以及情绪或唾液腺病变等影响。一般情况下，人每日分泌的唾液量为1000~1500毫升。

牙膏可杀灭幽门螺杆菌

流言 一些牙膏能杀灭幽门螺杆菌,预防胃病乃至胃癌。

真相

幽门螺杆菌是一种短棒螺旋形状细菌,是目前引起消化性溃疡等疾病最常见的病原。幽门螺杆菌主要存在于胃中,口腔里不过是一些"散兵游勇",口腔不是幽门螺杆菌的储存库。目前,幽门螺杆菌与龋齿的关系尚不明确,单独进行口腔杀菌意义不大。

目前,没有证据表明某种牙膏能彻底杀灭口腔幽门螺杆菌。某些牙膏的宣传中列举的科学研究均是仅仅停留在体外试验和动物试验阶段,实际效果远远达不到其所宣称的神奇效果。就日常清洁而言,普通牙膏刷牙也能起到清除口腔细菌、减少炎症的作用。

幽门螺杆菌患者,应到医院消化科寻求正规治疗。目前常用的应对方法是多种抗生素和抑制胃酸的药物联合治疗,医生开的杀菌药物通常有3到4种,并且需要持续用药两周左右。

小贴士

儿童的口腔健康是非常重要的一件事情,牙齿刷得好与坏会影响营养摄取与健康,而且儿童的牙缝较大,不清洁干净容易造成龋齿。对于儿童,应选择刷毛软的儿童牙刷,同时,推荐使用圆弧刷牙法(Fonts刷牙法),这种方法最易为年幼儿童学习理解和掌握。

吃了胶原蛋白补品，皮肤就能变好

流言 胶原蛋白对皮肤质量很重要，平时多吃含胶原蛋白的食物，皮肤就会变好。

真相

这种说法是在"偷换概念"。

胶原蛋白作为一种蛋白质，进入人体后会像其他蛋白质一样，被分解成小分子的氨基酸。这些氨基酸会被身体吸收，并被"分配"到全身各个需要的地方。至于这些氨基酸最终是否会重新变成皮肤所需的胶原蛋白，并精准"运送"到你希望的部位，比如脸上，科学界认为这没有直接证据支持。

胶原蛋白和我们从食物中获得的其他蛋白质本质上没有区别，人体并不会特别优待某一种蛋白质。换句话说，吃胶原蛋白产品并不会保证它就能直接到达皮肤，它很可能只是在为身体提供额外的蛋白质。因此，多吃胶原蛋白，只意味着摄入的氨基酸变多，但身体不会因此合成更多胶原蛋白。

小贴士

由胶原蛋白制成的手术缝合线既有与天然丝一样的高强度，又有可吸收性；在使用时既有优良的血小板凝聚性能，止血效果好，又有较好的平滑性和弹性，缝合接头不易松散，操作过程中不易损伤机体组织，对创面有很好的黏附性。胶原蛋白及合成材料在血浆代用品、人造皮肤、人工血管、骨修复、人工骨和固定化酶载体等方面有着十分广泛的研究和应用。

东西向睡觉会失眠

流言 睡觉时身体要顺应地球磁场的方向,即南北向躺卧;东西向睡觉会导致失眠。

真相

地球磁场对人体的影响微乎其微，目前没有任何研究能证实躺卧方向会影响睡眠质量。人类无时无刻不处于各种磁场中，人体自身也有磁场，但人体的磁场是地球磁场强度的千万分之一，两者已建立某种平衡。

失眠主要是由睡眠节律紊乱引起的，比如经常变换作息时间、晚睡晚起、在床上做与睡眠无关的事（如看书、玩手机）等，都可能影响人体节律，加重失眠。

此外，失眠还受年龄、遗传因素、卫生环境等影响，精神疾病、服药等也可能引发不同程度的睡眠障碍。正是由于失眠的原因有很多，因此治失眠不能"千人一方"，要予以针对性治疗，包括改善睡眠环境、建立良好的生活作息习惯、改善情绪状态、进行适当的药物及物理治疗等。

小贴士

一般情况下，人每天最佳的睡眠时长是：儿童10个小时，成年人7个小时；当然睡眠时长也因个体差异而不同。如果以每天睡眠8小时计算，人的一生有1/3的时间是在睡眠中度过的。因此，睡眠的好坏，与人的心理和身体健康息息相关。

体脂率越低越好

流言 体脂率是衡量体内脂肪含量的指标，体脂率越低，身体越健康。

真相

所谓体脂率，就是体内脂肪的重量与全身重量的比值。

理想情况下，人体每天的能量摄入与能量消耗应该大致均衡。如果摄入的能量过多或者消耗的能量过少，便会产生"盈余"，多余的热量被身体转化为脂肪存储起来。

脂肪具备重要的生理功能：在天冷的时候维持体温，在运动的时候减少组织摩擦，在饥饿的时候提供能量，以及分泌激素，维持正常的生理代谢等。因此，大可不必一听到"脂肪"就摇头。

女性体脂率的正常范围在 25%~31% 之间，男性体脂率的正常值则小于 25%。但是，体脂率会随着年龄的增长而发生变化，年龄越大往往体脂率越高。所以，一定要根据自身实际，合理判断健康情况，不要盲目追求低体脂率。

小贴士

人体内的脂类分成两部分：脂肪与类脂。脂肪由一分子的甘油和三分子的脂肪酸结合而成。类脂则是指胆固醇、脑磷脂、卵磷脂等。

跑步比久坐死亡率更高

流言 根据英国《每日邮报》报道，一项在丹麦进行的长达12年、涉及近1500人的研究得出的结论是：每周最多跑步3次，每次不能超过48分钟。如果超过了这个运动量，死亡率和那些从来不运动的人群一样。

真相

发表在《美国心脏病学会杂志》上的这项研究有三项最重要的结论：第一，与久坐不动的人相比，即使每周只跑步1次，也有非常大的获益，死亡率明显下降；第二，每周跑步60分钟至80分钟，分成2次或3次跑完，是最佳的跑步方式；第三，如果每周以较快的速度跑步3次以上，总时间达到150分钟的话，这时与久坐者相比，则没有获益。可惜的是，流言只强调了第三个结论。事实上，由于该研究样本例数少，在上述三项结论中，只有第一项研究从统计学上比较确定，第二项和第三项只说明表现了一定的趋势。

关于体力活动的量是否存在一个上限，超过这个界限就会增加疾病的风险，甚至死亡，这一点目前存在争议，所以通常只有推荐的运动量，但没有对运动的量作出明确的限制。这项研究显示，最健康的跑步频率是每周跑3次，总时长在144分钟以内。

小贴士

跑步前，做一些深蹲和伸展动作，放松紧张的肌肉和骨骼；跑步过程中，掌握呼吸的节奏，保持均匀舒畅的呼吸，能有效地减轻心肺的疲劳；跑完步后不要立刻停下，最好能慢走一段时间，调整心率和呼吸。

酸性体质
是百病之源

流言 碱性体质的人身体好，酸性体质是百病之源。

真相

"酸碱体质"本身就是一个伪理论。正常人体时刻都在进行新陈代谢,其中很多反应对酸碱度十分敏感,因此人体有一套有效的调节系统,使血液的pH保持基本稳定,只会在一个很小的范围内波动。也就是说,食用任何食物都不会改变人体血液的pH,就算是直接喝醋也不会让人体的酸性变得更强。至于"酸性体质生女,碱性体质生男"的民间传言,更是无稽之谈。

小贴士

正常人血液的酸碱度始终保持在一定的水平,其变动范围很小。血液酸碱度的相对恒定是机体进行正常生理活动的基本条件之一。人体每天在代谢过程中均会产生一定量的酸性或碱性物质,它们不断地进入血液,都可能影响到血液的酸碱度。尽管如此,血液酸碱度仍恒定在7.35~7.45之间。健康机体是如此,在疾病过程中,人体仍会使血液pH恒定在这个狭小的范围内。血液酸碱度之所以能如此稳定,是因为人体有一整套调节酸碱平衡的机制,它首先依赖于血液内的一些酸性或碱性物质,并以一定比例的缓冲体系来完成,而这种比例的恒定又有赖于肺和肾等脏器的调节作用,这些脏器能把过剩的酸或碱消除,使体内酸碱度保持相对平衡状态。

指甲竖线是健康晴雨表

流言 指甲上的竖线能显示一个人体质的好坏，如果体力透支、精神长期疲劳，指甲上的竖线就会越来越多。

真相

随着年龄的增长，人们身体的各项机能都在慢慢衰退，指甲也不例外。年龄大了，指甲的生长速度就会变慢，角质层的形成也不像年轻时那么规律，这时候指甲上就容易出现竖纹。

这种因为年龄增长出现的竖纹，一般比较细微、均匀，而且不会有其他不舒服的症状，这是正常的生理现象，不用太担心。

有的疾病的确会让指甲竖纹变得明显，比如甲癣（灰指甲）、扁平苔藓、银屑病、湿疹等皮肤疾病，以及类风湿性关节炎、甲状腺功能减退等系统疾病。但这些疾病可能还会伴随一些其他症状或临床表现，例如全身皮疹、足底皮肤异味、脱皮和糜烂，以及乏力易困或关节疼痛、畸形等。出现类似情况时最好及时去医院检查，对症治疗，不能光靠看指甲来判断。

小贴士

指甲的生长速度与末端指骨（最外指骨）的长度有关。因此，人类食指的指甲生长快于小指的指甲。人类手指甲的平均生长速度为每月约3.5毫米，比脚指甲的生长速度大约快一倍，脚指甲的平均生长速度为每月约1.6毫米。手指甲需要3个月至6个月才能完全长出，而脚指甲则需要12个月至18个月。

左侧卧睡觉会压到心脏

流言 由于心脏并不是位于人体正中间,而是偏左,因此左侧卧睡觉会压到心脏,不利于健康。

真相

人类的心脏被由肋骨组成的胸廓完美地保护起来，不会轻易受到任何方向的压迫，即使偶尔受到外界击打，只要强度不是太高，一般不会造成心脏的实质性损害；而且，当我们朝左躺着的时候，心脏上面是右肺，肺的块头大但重量小，不足为惧。

不过，对于大部分心脏病患者而言，右侧卧位确实优于左侧卧位。采用左侧卧位时，由于心脏位于身体中线（重心）下方，有更多的血液因为重力作用回到心脏，心脏的负担就比在右侧卧位时更大，所以为了减轻心脏负担，建议心脏病患者采用右侧卧位。

小贴士

心脏是脊椎动物的器官之一，是循环系统中的动力来源。人的心脏基本上和本人的拳头大小一样，外形像桃子，心尖偏向左；位于横膈之上、纵膈之间，胸腔中部偏左下方，两肺间而偏左；主要由心肌构成，有左心房、左心室、右心房、右心室四个腔；左右心房之间和左右心室之间均由间隔隔开，故互不相通；心房与心室之间有瓣膜（房室瓣），这些瓣膜使血液只能由心房流入心室而不能倒流。

体格越健壮的人越容易中暑

流言 体格越好的人越容易中暑,因为体格好的人对环境的适应性好,适应了高温天气后,就容易对危险视而不见,从而更容易中暑。

真相

几乎所有人都有中暑风险,体格好的人也不例外。中暑的专业名称叫"热射病",可以分成经典热射病(非劳力性热射病)和劳力性热射病,前者易发于老弱病群体,后者易发于在高温环境下工作的精壮人群。

经典热射病是指人体暴露在高温下出现的严重中暑症状。这种中暑的发病原因可以简单理解为"躺中"——只要暴露在高温下,哪怕在休息时也可能出现严重中暑症状。因此,经典热射病容易发生在儿童、孕妇、年老体衰、有慢性基础性疾病、免疫功能受损的个体身上。

劳力性热射病类型的中暑,除了暴露在高温高湿环境下,通常还需要进行剧烈运动或劳作,典型人群是运动员、刚开始训练的新兵等。

体弱多病人群是中暑发病的主要人群,发病后的死亡率也比普通人群高得多,如老年患者本身就容易合并高血压、糖尿病等基础疾病,并同时服用多种药物,这些都是提高中暑风险和死亡率的危险因素。

小贴士

发现自己或其他人有中暑或轻症中暑表现时,首先要迅速撤离引起中暑的高温环境,选择阴凉通风的地方休息;多饮用一些含盐分的清凉饮料;还可以在额部、颞部涂抹清凉油、风油精等。对于重症中暑者,除了立即把患者从高温环境中转移至阴凉通风处平卧,还应该迅速将其送至医院,采取综合措施进行救治。

孩子矫正牙齿越早越好

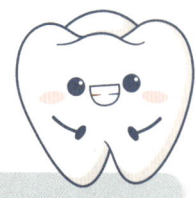

流言 孩子矫正牙齿越早越好,晚了就没法矫正了。

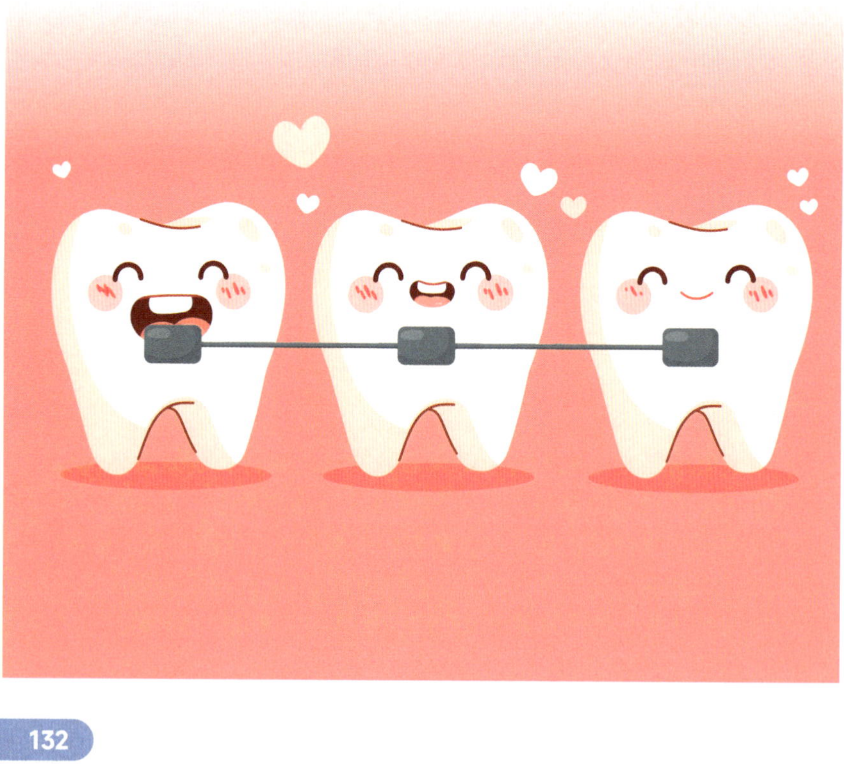

牙齿矫正并没有严格的年龄要求,从乳牙期、替牙期的儿童,到恒牙期的青少年、成年人都可以进行,并不一定是越早越好。

具体来看,牙齿矫正的时机因人而异。它取决于多种因素,包括牙齿错合的类型、错合畸形的严重程度、患者的年龄、牙齿颌骨的发育情况等。是否需要矫正干预,需要经过正规医疗机构的专业医生评估。

以家长们非常关心的儿童正畸为例。有的孩子在替牙期出现了牙缝大、牙列不齐等情况。这时候不妨等一等,因为孩子的替牙周期较长,且不同牙齿的萌出速度、大小等都会导致牙齿排列不断变化。或许短期会出现牙缝大、牙列不齐的情况,但随着颌骨和牙弓的生长、恒牙的萌出,牙缝可能减小,排列也可能逐渐改善。

替牙期孩子的牙根发育不完全,如果过早施加不当的矫治力,可能影响牙根的正常发育和牙齿的稳固,反而不利于孩子的口腔健康。

小贴士

通常情况下,6~7岁时下颌的乳中切牙(中门牙)开始摇动、脱落,不久后在此处长出恒中切牙;同时,在第二乳磨牙的后方长出第一磨牙。此后其他牙也陆续替换。恒牙的单尖牙和双尖牙,也是在同一位置的乳牙脱落后,才能长出来。直到12~13岁,乳牙全部脱落,恒牙替换完毕。12~14岁在第一磨牙后面长第二磨牙,18岁以后长第三磨牙。有些人没有第三磨牙也属正常现象。

心跳越慢身体越好

流言 人一生的心跳次数是一定的,心跳慢,消耗慢,寿命就长;心跳快,消耗快,寿命就短。

真相

正常人在安静的时候心率为60~100次/分，运动员稍微特殊一些，心率一般在50次/分左右。所以，有人就产生了"心跳越慢，身体就越好"的认知。其实，运动员心率慢，主要得益于长期锻炼，心脏功能强劲、效率高。

但目前没有相关证据证明心跳越慢越好，相反，如果普通人心率长期低于50次/分，就有可能因为心脏泵出的血液不足，身体发生缺血、缺氧，进而出现发作性头晕、心悸、疲倦、乏力和运动耐力下降等症状，严重者可出现心绞痛、心力衰竭、晕厥，甚至猝死。

因此，并不是心率越慢越好。在正常的心率范围内，保持适当的心率对于健康和长寿来说更为重要。

小贴士

如何保持健康的心率？

1. 常参加各种强度适宜的运动，能使心功能得到锻炼。

2. 熬夜、吸烟、饮酒均可使静息心率加快；少喝浓茶，特别是不要在睡前喝，否则容易导致失眠；还应定时大便，保持排便顺畅。

3. 肥胖会使心脏负担加重，心率加快，因此肥胖者要通过健身运动、调节饮食来保持适宜的体重。

4. 紧张、生气等情况会出现心率过快，可以通过听音乐、静心冥想等方式逐渐恢复平静。

5. 某些疾病，如高血压及冠心病引起的心率加快，可根据医嘱服用药物，改善心功能。

"左撇子"智商更高

流言 "左右开弓"能有效锻炼大脑,"左撇子"的右脑得到了更多开发,因此"左撇子"智商更高。

真相

"左撇子"即左利手者,有人称他们的右脑被高度开发,而右利手者则是只锻炼了左脑,因此"左撇子"更聪明。其实,惯用哪只手与智商无关。如果以智商为测试标准,左利手者和右利手者并没有显著差异。

"双手左右开弓训练"被很多教育机构用来作为增强记忆力、提升思维能力的方法。但在日常生活里,不管是"右撇子"还是"左撇子",大脑都是双侧并行的。"只用一只手,会让另一大脑半球得不到锻炼"的说法是完全错误的。

小贴士

人类的智力可分为流体智力和晶体智力两种。这两种智力都可以通过"四管齐下"的做法来增强。

1. 改变儿童不良的饮食习惯。
2. 为儿童营造一个具启发性和感官刺激的环境。
3. 增强孩子的情绪智商(Emotional Quotient)。
4. 引导孩子制定目标、启发他们进行创意思考。

O 型血最招蚊子

流言 O 型血比较甜而且香，所以 O 型血最招蚊子。

真相

蚊子侦测和定位目标主要依靠二氧化碳、热量、挥发性化学物质等因素。它能分辨出人体细胞活动所产生的某些分子，只要你在呼吸、出汗或是散发热量，你的温度，你释放出的水蒸气、二氧化碳，你汗液中的丙酮、辛烯醇、乳酸等化学物质，都在诱惑着蚊子，让它们循着踪迹找到你。

血型与招蚊子到底有没有关系？很多国家的科学家和媒体都做过大量的实验，目前的结论证明：没有直接关系。

至于"血甜更招蚊子"一说，根据目前的研究结论，并未发现这两点有什么直接联系。如果想从验血报告中寻找相关性，不妨留意一下体检报告的常规检查，其中"血液检测"一栏内有一个叫"嗜酸性粒细胞"的项目，此项偏高者更投蚊子所好。

小贴士

血型是指血液成分（包括红细胞、白细胞、血小板）表面的抗原类型。通常所说的血型是指红细胞膜上特异性抗原类型，其中与临床关系最密切，人们所熟知的是红细胞ABO血型系统及Rh血型系统。截至2022年11月，人类已发现44种血型系统。

儿童定位手表辐射超手机千倍

流言 儿童定位手表通过无线传输发送位置信号,辐射比手机大1000倍。

真相

儿童定位手表通过无线传输发送位置到家长的手机,自然会有辐射。电磁辐射无处不在、无时不在,只要是通电中的电器设备,都有电磁辐射,比如电磁炉、电热毯等,但只有当电磁辐射能量达到一定数值时,才会产生电磁污染并对人体造成危害。

儿童定位手表、手机、电脑等电子设备产生的辐射在频率上属于微波,属于对人体无害的非电离辐射。目前并无任何科学证据能证明它们产生的微波对人体健康有影响。

小贴士

儿童手表的定位主要依赖于GPS、北斗、Wi-Fi、蓝牙等卫星和通信技术。其中,GPS和北斗是全球定位系统,通过接收卫星信号来确定手表的位置;Wi-Fi和蓝牙则是通过与周围设备的连接来辅助定位。

绿色背景
能保护视力

流言 把电脑或手机的背景色设置成绿色可以保护眼睛。

真相

目前还没有绿色能够保护眼睛或损害视力的研究结论。之所以我们看看远处的花草树木会觉得眼睛很舒服，主要是因为在长期注视近处时睫状肌是持续收缩的，远眺可以缓解它的紧张状态。这种情况和看的是什么颜色、什么物体并没有什么关系。虽然心理学的研究表明，绿色能使人舒缓镇定，但对眼球本身并没有特别的作用。

还有说法认为，绿色光的波长较短，损害视力，这也缺乏科学依据。电脑屏幕的光涵盖红、绿、蓝多种不同波长的光线，有研究表明，在达到一定时长、一定强度的蓝紫光照射下，视网膜会受到损伤。绿光虽然波长与蓝光相近，但并没有研究表明绿光比波长更长的红光、黄光对视网膜损伤更大。建议大家在使用电脑或手机一段时间后就离开屏幕，起身放松一下，看看远处，尽量减少对身体的伤害。

小贴士

可见光线的波长为400~760纳米，波长在该范围之外的是不可见光谱，如红外线、紫外线。当可见光线穿过角膜、晶状体、玻璃体在视网膜上被感光细胞吸收时，感光细胞即产生一系列复杂的化学变化，将其转换为神经兴奋，并通过视神经传至大脑，在大脑中产生光的感觉，从而形成光觉。因此光觉是指视网膜对光的感受能力，它是视觉的基础。

量子计算机可以取代传统计算机

流言　我国研制出的"九章"量子计算机实现了"量子霸权",已经可以完全取代传统计算机。

真相

中国科学家构建的 76 个光子的量子计算原型机"九章",实现了具有实用前景的"高斯玻色取样"任务的快速求解。据现有理论,"九章"量子计算系统处理高斯玻色取样的速度是目前最快的超级计算机的一百万亿倍,即"九章"一分钟完成的任务,超级计算机则需要一亿年。但这一研究突破并不意味着量子计算机已可完全取代传统计算机。量子计算机只有在处理能设计出高效量子算法的特定问题时,其速度才超过传统计算机。而对于没有涉及量子算法的问题,例如最简单的加减乘除,量子计算机就没有任何优势。

可以说,"九章"在量子计算机发展的进程中树立起了一座里程碑,但未来的路还很长。在实现量子优越性之后,下一个目标就是通过一系列技术攻关,力争尽早研究出可编程的、能处理很多有实用价值问题的量子计算机。

小贴士

量子计算机是一种可以实现量子计算的机器,它通过量子力学规律实现数学和逻辑运算,处理和储存信息。理论上,它是一个物理系统,以量子比特(qubit)为基本存储单元,以量子动力学演化为信息计算的基础。

"手机信号增强贴"能增强信号

流言　将"手机信号增强贴"贴在手机背部的"有效位置",信号显示就能从1格变成3格,玩游戏、刷视频不再延迟,在地下车库、高层办公楼等"全场景"均能使用。其原理是贴纸可以拉长手机的波长。

真相

商家宣称的"目前最先进款型手机信号增强贴",从其材质和结构上看,是在一张塑料片上镀了一层铝膜,铝膜上面还印有一层类似磁性油墨的材料。"通过拉长手机内置天线接收信号的波长,来增强信号的接收范围"的说法,从原理上是讲不通的。

第一,波长在现实生活中不可能被"拉长";第二,放大任何东西都需要能源,而贴纸属于"无源天线",无法为"有效放大信号"提供能源。而且,由于手机型号及运营商不同,各手机信号频率也不尽相同,要实现共振就必须与相应手机信号的频率相同。因此,一张贴纸即便能产生某种共振,也不可能符合所有手机的信号频率,不可能实现商家宣称的"全场景"应用。数据下载的快慢不仅取决于网络,还取决于输出数据的服务器以及用户数。

小贴士

移动通信系统是一种无线电通信系统,主要有蜂窝系统、集群系统、Ad Hoc 网络系统、卫星通信系统、分组无线网、无绳电话系统、无线电传呼系统等。

一张微信截图就能刷光你的银行卡

流言　只需一张付款码的微信截图,你的钱就没了!多人已中招!快告诉家里人!

真相

该新闻在网络上被汹涌传播，微信官方团队已就此作出澄清，表示该消息与事实不符，微信已通过技术手段切断了"将付款码截图发给其他人后银行卡被盗刷"的可能性。

目前，用户一旦对付款码进行截屏操作，虽然可以截图成功，但微信会立即发出安全提示，付款码也立即失效。这意味着，用户截图的二维码将无法用于支付，骗子们自然就无机可乘。据悉，支付宝付款码同样有保护措施，截图的时候会直接拒绝。

当然，除了手机截图，骗子还可能用拍照等方式获得付款码，骗术防不胜防。因此也提醒大家，不要以任何形式轻易向他人发送付款码，包括条形码、二维码和18位数字编码等。

小贴士

与手机支付相关的诈骗大致分为：电话诈骗、短信诈骗、钓鱼网站诈骗、IM聊天软件诈骗、网络购物诈骗、伪造篡改软件诈骗、虚假Wi-Fi诈骗、恶意二维码诈骗。对此，用户切记不要相信任何涉黑、涉毒、涉黄的短信和电话恐吓，不要相信任何"安全账户"；外出时，不要随意扫描二维码，不要登录无密码的免费Wi-Fi，要在手机上安装防火墙软件。

展示 IP 属地会泄露隐私

流言 各大网络平台纷纷上线的展示 IP 属地功能，会泄露用户的隐私，留下安全隐患。

真相

平台展示用户"IP属地",境内只展示到省(直辖市、自治区、特别行政区),境外展示到国家(地区),不会再显示出更具体的地理位置信息。因此,不必担忧展示用户"IP属地"会泄露个人隐私。

其实,泄露隐私的担忧是混淆了用户"IP属地"与"IP地址"的概念。但即便知道了具体的IP地址,查询时主要显示的也是国家/地区/城市、经纬度、IP主机名称、互联网服务供应商等信息,而使用者姓名、准确地址、电话号码等可直接定位到个人的信息,仅靠IP地址难以获得。

相比之下,IP属地指向的是网络接入设备的位置而非人的位置。IP属地信息涉及用户数量庞大,少则几百万上千万人,多则近亿人,仅依靠属地信息不足以使人直接推定个人特定身份,识别率相对较低。

小贴士

IP地址是一个32位的二进制数,通常被分割为4个"8位二进制数"(也就是4个字节)。IP地址通常用"点分十进制"表示成(a.b.c.d)的形式,其中,a,b,c,d都是0~255之间的十进制整数。例如,点分十进制IP地址(100.4.5.6),实际上是32位二进制数(01100100.00000100.00000101.00000110)。

二维码很快会被用完

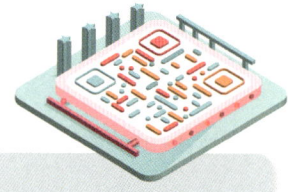

流言 据不完全统计,二维码每天的全球使用量高达100多亿,所以,二维码很快就会被用完。

真相

理论上，在固定区域内排列组合黑白方块的变化是有限的，当存储的数据超过了容量限制时，二维码就会被用完。然而，在实际应用中，二维码的容量通常是非常大的，远远超过我们通常需要存储的数据量。

以平时使用的微信付款码为例：这个二维码矩阵中有25×25即625个小方块，除去一些定位、纠错等功能的方块，还剩478个方块，每个方块有黑白两种颜色，即可以组成2^{478}个不同的二维码。

假设全球每天使用100亿个付款二维码，一年就使用36500亿个。经过计算，要使用完所有的付款二维码需要2.14×10^{131}年。而宇宙诞生至今也就137亿年，即1.37×10^{10}年，这个值远少于用完付款二维码需要的时间，所以，我们根本不需要担心二维码很快会被使用完。

小贴士

在移动互联业务模式下，人们的经营活动范围更加宽泛，因此也更需要随时进行信息的交互和分享。随着网络环境下智能手机和平板电脑的普及，二维码应用不再受到时空和硬件设备的局限。对产品基本属性、图片、声音、文字、指纹等可以数字化的信息进行编码捆绑，适用于产品质量安全追溯、物流仓储、产品促销以及商务会议、身份和物料单据识别等。

相机像素越高，
拍出的照片越清晰

流言 市场上的相机像素越来越高，像素越高，拍出来的照片就越清晰。

真相

相机成像效果由镜头和机身共同决定,不能单纯追求高像素,相机像素与照片清晰度之间的关系并不绝对。

影响图像质量的因素有很多,比如信噪比、空间分辨率、对比度等。比如,要想把月亮拍得比较清晰,首先需要一个长焦镜头,镜头焦距越长,分辨细节的能力越好;再配合一个高像素、大尺寸的 CMOS 探测器,提升相机的分辨能力。具备这两个条件就能拍摄一张很清楚的月亮照片。如用一般手机对月亮成像,并没有配备长焦镜头的单反相机拍得清晰,但单反相机的像素不一定有手机的像素高。

小贴士

"像素"是相机感光器件上的感光最小单位。就像光学相机的感光胶片的银粒一样,记忆在数码相机的"胶片"(存储卡)上的感光点就是像素;要想得到分辨率高(也就是细腻)的照片,就必须保证有一定的像素数。我们在使用数码相机拍照时,往往有几组数字供我们选择:640×480,1024×768,1600×1200,2048×1536……每一组数字中,前一数字表示在照片的长度方向上所含的像素点数,后一数字表示在宽度方向上所含的像素点数,两者的乘积,就是像素数;例如 $1600 \times 1200 = 1920000 \approx 2000000$,就是 200 万(像素)。这 200 万就代表着数码相机的像素数。

智能电表可以调快，本身也耗电

流言 智能电表大多是由电力公司统一购买后安装给用户的，有的电力公司私下要求企业在生产电表过程中将电表调快，否则，就会以产品不合格为由而拒绝收购。此外，电表本身的耗电也计入了居民电费中。

真相

智能电表从生产到安装到居民家庭，整个过程有多项检查，人为调快根本无法实现。有关部门对每只电表均依法开展4类18个试验项目的强制检定，相关检定结果经北京市质量技术监督局复核，保证全部检定合格。电力公司"既当运动员又当裁判员"的情况并不存在。

智能电表本身的各项耗电不计入居民用电，而是计入了公共电网的传输损失中。

小贴士

日常生活中的电能消耗主要来自家用电器，每个人都应该有节电的意识，用节能灯来代替白炽灯可大大降低耗电量。

对于电视机、电脑等，我们要把音量和光线亮度调至最佳状态，另外不要让其长时间处于待机状态，这样不仅耗电，而且会降低使用寿命。电冰箱应放置在阴凉通风处，不靠近热源，尽量减少开门次数和时长。对于空调，室温设置27~28 ℃为宜；开启空调时，要关闭门窗；定期清洗隔尘网，不频繁启动，停机后必须隔2~3分钟以后再开机。热水器不用时应及时关机，避免反复烧水。

无线耳机致癌

流言 有媒体报道，有 250 名科学家联名警告，AirPods 和同类型的无线蓝牙耳机可能致癌。

这里提到的科学家们的联名警告确实存在,但是无线耳机并不是这封联名信的主要内容和重点,也并没有实际的研究数据表明无线耳机会致癌。

这封科学家联名信的主旨在于:由各种电子设备产生的辐射日渐增加,因此应该加强对于辐射的限制。这则报道中提到,将无线耳机置于耳道中,会使头部组织暴露在相对较高的射频辐射下,从而引发对无线耳机安全性的质疑。

无线耳机从原理上来讲并不会致癌。公开资料显示,蓝牙使用无线电磁波的频率为2.4~2.48千兆赫,其辐射量在电磁辐射量安全标准以内。我们听到的声音是有能量的,由于耳机比扩音喇叭更靠近耳膜,因此对耳膜产生的损害也就更大。长期佩戴耳机可能对听力有危害,但这不代表戴耳机会致癌。

小贴士

1. 听耳机最好每次不超过30分钟,不超过60分贝。
2. 不应边听音乐边工作或学习,要集中精力,提高效率。
3. 避免长期待在喧嚣场所,远离烟酒和耳毒性药物,一旦发生听力受损,应该立即到医院就诊。
4. 避免打击头部,更不可掌击耳部,掌握正确的擤鼻方法,上呼吸道感染、咽鼓管功能障碍者不宜乘飞机旅行。

身份证会被手机消磁

流言 身份证中有磁条,和手机放在一起就会被手机消磁。

真相

目前广泛使用的第二代身份证采用的是无线射频识别技术，其内部根本没有磁条，也就不存在被手机"消磁"的情况。

当我们"刷身份证"时，刷卡设备会发出射频信号，此时身份证中的线圈通过电磁感应获取能量，为自身短暂供电，完成一次信息交换，阅读器读取信息并解码后将数据传送到数据处理系统，就完成了一次身份证核验。

如果身份证存在无法读取数据的情况，一般是芯片或线圈损坏造成的，所以我们在使用身份证的过程中，要避免扭曲、重压或者放置在高温下，以防芯片和线圈受损。

小贴士

1999年10月1日，我国开始实行公民身份号码制度。公民身份号码不仅应用在居民身份证上，也运用于其他领域。身份证号码自换发第二代居民身份证后统一为18位，前6位对应省市区，以首次办理身份证的地址排位，不会根据地址或户籍变化而变动；7~14位为出生年月日；15~17位是同一地址码所标示的区域范围内对同年同月同日生人编订的顺序码，其中第17位表示性别，奇数为男性，偶数为女性；最后一位为校验码。

手机充满电
可延长电池寿命

流言 手机锂离子电池循环寿命的国标要求为"不低于300次",所以最好每次都充满,并且充满后用光,否则充放电次数很快就达到300次,让电池变得不耐用了。

真相

延长手机电池寿命,并不是充电、放电越完全越好,如果总让手机处于低电量或者满电量,反而有可能损伤电池,导致其容量减少。最佳的使用方式是:浅充浅放,缺电就充,充完就拔。

锂电池依靠锂离子在正负极之间移动来工作,因此,电池正负极能够容纳的锂离子的数量与其容量直接相关。当对电池进行深度充放电时,其正负极材料的结构可能会出现破坏,能够容纳锂离子的空间变少,导致电池寿命缩短。

电池寿命通常用"循环寿命"来评价,即对锂离子电池进行深度充放电,其容量能够保持在80%以上的充放电循环次数。国家标准GB/T18287对手机中锂电池循环寿命的要求为"不低于300次",但这不代表我们的手机电池在充放电300次后就会变得不耐用。电池容量的衰减是一个渐变的过程,并不是断崖式或台阶式的。在日常使用过程中,电池管理系统有对电池的保护机制,因此手机电池的实际循环寿命是高于300次的。

小贴士

锂电池可储存在环境温度为 -5~35 ℃、相对湿度不大于75%的清洁、干燥、通风的室内,应避免与腐蚀性物质接触,远离火源及热源。

数据线破损后用绝缘胶布缠起来不影响使用

流言 数据线使用时间长了会出现破损,此时只要将破损处用绝缘胶布缠起来,就可以将就着继续使用。

实验发现，老旧充电数据线更容易出现短路，导致明火发生，因此，要避免使用老旧、劣质的充电数据线。

优质充电数据线内部有屏蔽层、抗拉纤维等，会大大提升数据线的品质；优质充电数据线耐久性优秀，具有良好的阻燃性能与耐腐蚀性能，不仅在使用过程中更安全，使用周期也会更长。

怎样判断数据线要不要更换？一看外观有没有破损，二看充电时有无接触不良；三看终端接口处有没有过热现象。如果外观破损、充电时存在接触不良，终端接口处过热，就需要更换充电数据线了。

购买充电数据线时，要选择符合标准及经过专业认证的优质充电数据线，最好使用"官方标配"的充电数据线。

小贴士

1.发现家电冒烟或者闻到不明的橡胶焦煳味时，请立刻切断总电源，并及时拨打物业电话，请专业的电工进行线路检修。

2.如果电线开始起火，首先要切断总电源，然后立刻使用干粉灭火器或者土等进行灭火。

3.如火势较大，有失控的趋势，要迅速撤离火灾现场，冷静报警（火警电话119），说清着火的具体地址，并接应消防车。

液化气钢瓶着火
要先灭火再关阀门

流言 液化气钢瓶爆炸，最大的误区就是立刻关阀门！一定要记住，要先灭火再关阀门！

事实并非如此,千万不要被此流言误导。液化气钢瓶一旦着火,要根据现场情况,采取不同的处置措施。

在液化气钢瓶阀门完好的情况下,首选关阀门。阀门关了火就灭了。网上流传的"先灭火、后关阀门,否则会回火导致爆炸"的情况,在液化气钢瓶着火时是不会发生的。只有在燃气管道着火时,如果快速关阀,会导致管道里压力快速下降,管道外面的压力比里面的压力大,才会把火压到管道里造成回火。消防员在处置燃气管道着火时,为了防止回火,首先会慢慢把管道阀门关到最小状态,把火焰降到最小后,再关阀门灭火。液化气钢瓶瓶体和瓶口较小,相对来说压力较小,不会产生压力差,而且液化气钢瓶里面的压力比外面的大。

如果着火的液化气钢瓶阀门损坏,可先不灭火,把液化气钢瓶拎到空旷地带站立放置,用水冷却瓶身,等液化气燃烧完毕即可。烧着的液化气钢瓶如果无法转移,要先报警,人员撤至安全区。如果液化气钢瓶横向倒地燃烧,瓶体容易发生物理爆炸。所以一定要注意,不要让燃烧的瓶体倒地,要第一时间拨打119火警电话,等待消防员到场处置。

小贴士

液化气钢瓶不得储藏在住人的房间和公共场所,防止在烈日下暴晒,所处环境不得超过35 ℃;使用液化气钢瓶的场所,空气要流通,严禁液化气钢瓶和电炉、蜂窝煤混合使用,使用液化气钢瓶要遵循先点火后开气的原则。

"倒挂控水法"
能救溺水者

流言 严重溺水的人可以救回来,只要提起双脚倒立抖两下,水从嘴里流出来后再进行心肺复苏就能救活。

真相

溺水者的呼吸道内通常只有少量的水，水会被肺泡吸收，导致气体交换功能受损、肺部损伤和血液中氧气不足。倒挂控水并不能补充溺水者血液中的氧气，控出的水也大部分为食道和胃中的水。对于已经发生心跳呼吸停止的溺水者，及早进行心肺复苏术才能拯救患者。

抢救溺水，要记住"一不做，四做"。"一不做"指溺水者被营救上岸后，一律不控水。网上那些倒背着溺水的孩子四处跑的方法，不可能将水排出体外，还可能让溺水者胃中的食物倒流，加重呼吸困难。

"四做"是指处理溺水者的四个步骤。第一，立即将溺水者救离水中，判断其呼吸、心跳是否停止。第二，拨打急救电话120，就近取来AED（自动体外除颤器）。第三，对呼吸、心跳已停止者，立即进行心肺复苏，应按"开放气道—吹气—按压"的复苏操作顺序。如无呼吸、有心跳，则只吹气（每分钟12~16次），无须做胸外心脏按压。第四，如有外伤，及时处理，尤其是头部和颈部的损伤。

小贴士

大部分人发生心搏骤停之后，脑血流会突然中断，10秒左右就出现意识丧失的情况，只有得到及时救治才能存活。在人流密集场所安放AED，就能最大限度在"黄金4分钟"内进行心肺复苏，这是患者生命被成功挽救的关键。

"地震云"能预测地震

流言 "地震云"出现的地方发生地震的可能性更大。

真相

目前科学界还没有发现哪一种云是和地震的发生直接相关的，也没有对所谓的"地震云"形成定论。在地震前看到特殊形状的云，实际上只是一种巧合。人们常说的鱼鳞状地震云，是由大气的波动引起的。一些气流上升，一些气流下降，这样就会造成天空中的云成为块状。而当不同的气流上下波动，风速又很高时，天空中的云就会形成排骨状的条形，不同薄厚的云层在阳光的照射下就会显得更加起伏。

小贴士

云是大气中水汽凝结（凝华）成的水滴、过冷水滴、冰晶或者由它们混合组成的飘浮在空中的可见聚合物。云是地球上庞大水循环的有形的结果。太阳照在地球的表面，水蒸发形成水蒸气，一旦水汽过饱和，水分子就会聚集在空气中的微尘（凝结核）周围，由此产生的水滴或冰晶将阳光散射到各个方向，这就产生了云的外观。云可以形成各种形状，根据在天上的不同高度、形态而主要分为三种：一大团的积云、一大片的层云和纤维状的卷云。

地震时
"生命三角求生法"能救命

> **流言** 地震来时,躲在三角形的空间可以让人幸存或减少伤害。

真相

"生命三角求生法"并不靠谱。因为房屋受到地震波袭击时,可能发生各个方向上的平晃,而其坍塌类型也分成房顶平塌、墙体外倒、墙体内倒和房顶M形向下弯折几种。在观察地震废墟时,尽管我们可以发现在一些位置上确实存在类似的"三角空间",但在地震发生时,人们无法预先知道地震的方式、倒塌发生的方向,也就无法知道什么地方会有所谓的三角"求生空间"。所以这种"生命三角"的形成在很大程度上是个错误概念,因为床、桌子、汽车等一些原本你指望用来支撑"三角"的支撑物在地震中可能很快就倒下、被压扁或者滑到别处了。另外,在"生命三角"形成之前,你可能早就被飞来的各种杂物砸伤了。

小贴士

地震波按传播方式分为三种类型:纵波、横波和面波。纵波是推进波,在地壳中的传播速度为5.5~7千米/秒,最先到达震中,又称P波,它使地面发生上下振动,破坏性较弱。横波是剪切波,在地壳中的传播速度为3.2~4千米/秒,第二个到达震中,又称S波,它使地面发生前后、左右抖动,破坏性较强。面波又称L波,是由纵波与横波在地表相遇后激发产生的混合波。其波长大、振幅强,只能沿地表面传播,是造成建筑物严重破坏的主要因素。

火灾中用湿毛巾捂住口鼻就可以穿过浓烟

流言 火灾发生时，要用湿毛巾捂住口鼻，然后穿过浓烟逃生。

真相

在有轻微烟气时,用湿毛巾捂住口鼻,是以前比较常用的火灾逃生方式。但现在建筑材料已发生变化,有机高分子材料多,有毒烟气多,所以逃生方式必须改变。在火场中,正确的做法是尽量不穿过浓烟,而是寻找能够安全逃生,或者等待救援的地方;另外,湿毛巾是否有效需要看具体情形。

湿毛巾的作用是降温及过滤烟尘颗粒,但无法隔离毒气,在火灾初始阶段或者等待救援时,湿毛巾有一定帮助,但在高温和浓烟的条件下,湿毛巾起不到多大作用。如果是在陌生和湿毛巾相对不易获得的环境中,刻意去找湿毛巾,可能会事与愿违。

小贴士

1. 要牢记火警电话119,消防队救火不收费。

2. 向接警中心讲清失火单位名称、地址、是什么着火、火势大小、着火的范围,同时还要注意听清对方提出的问题,以便正确回答。

3. 把自己的电话号码和姓名告诉对方,以便联系。

4. 打完电话后,立即到交叉路口等候消防车的到来,以便引导消防车迅速赶到火灾现场。

5. 组织人员疏通消防车道,清除障碍物,使消防车到火场后能立即进入最佳位置灭火救援。

6. 如果着火地区发生了变化,要及时报告消防队,在没有电话或没有消防队的地方,可用敲锣、吹哨、喊话等方式向四周报警。

口罩的消毒残留物会致癌

流言　口罩的消毒残留物"环氧乙烷"是 I 类致癌物质,打开包装后要把口罩在空气中甩一甩,让环氧乙烷含量大幅下降,否则会致癌。

真相

医用外科口罩、N95口罩大部分会通过环氧乙烷蒸气熏蒸消毒。但在消毒过后，厂家会等环氧乙烷挥发后才进行包装。此外，口罩在进行环氧乙烷杀菌之后，厂家还会进行相关检测，出厂口罩必须符合国家标准，即环氧乙烷残留量应小于10微克/克。

环氧乙烷是一种易挥发物质，当口罩经过多道流程到达消费者手中时，基本上不会带有对健康造成影响的残留物质。正规企业生产的口罩，残留物质符合国家标准，不会对佩戴者的健康造成威胁。

小贴士

如何选择口罩？

1. 呼吸道传染病患者或呼吸道传染病症状者建议佩戴N95或KN95等颗粒物防护口罩（无呼吸阀）或医用防护口罩，其他人员建议佩戴一次性医用口罩或医用外科口罩。

2. 儿童呼吸道传染病患者或呼吸道传染病症状者建议选用儿童防护口罩，其他儿童建议选用儿童卫生口罩。

3. 口罩产品应符合相关国家标准或行业标准。

电热水壶烧的水有损健康

流言 电热水壶内胆属于不锈钢材质,里面含有锰元素,在烧水的过程中锰元素会析出,人长期摄入,可导致体内的锰超标,从而损伤神经,甚至致癌。

真相

电热水壶的制作材料中虽然含有锰元素，但其是以致密组织的形式存在的，日常煮水很难解析出来——即便是持续翻煮1000小时以上，能析出的锰元素也是很有限的，对人体的影响基本可忽略不计。

只要购买的是正规产品就是安全的，没有中毒、致癌的风险。购买不锈钢电热水壶，应选择304不锈钢、316不锈钢等食品级不锈钢材质的，或是带有相关执行标准或"食品接触用"标识字样的电热水壶。

玻璃电热水壶，应选用高硼硅玻璃，其性能稳定，材质安全，且不容易生成水垢。

陶瓷电热水壶，如果是彩色的，可能会析出重金属有毒元素，建议最好选择内壁无颜色、无图案的。

小贴士

在使用电热水壶时，必须先装水，后通电，向壶内注水至少应超过最低水位线，但不能超过规定的最高水位线。不可用电热水壶煮含有酸、碱、盐成分的东西，以免壶体和发热器遭到腐蚀，而且还要经常除去电加热器上的水垢或其他污渍，否则会影响电加热器的热效率和使用寿命。电热水壶不用时，要放在干燥处，以免因受潮而降低安全性能。要对插头、电源线认真地进行全面的检查，如发现有损坏现象，应该到制造商指定的维修点来维修或更换。

自拍杆
会变成引雷针

流言 在雷雨天用自拍杆拍照，自拍杆会变成引雷针。

真相

常见的自拍杆主要是铝合金材质,它具有密度小、机械强度高的特性,使得自拍杆较轻便且不易变形。铝合金作为金属家族中的一员,还具备良好的导电性,但导电性并不意味着百分之百的危险。雷雨天会不会因为使用自拍杆而被雷劈中,主要取决于周围的环境。

如果你在山上、比较高和空旷的地方,使用自拍杆或者其他导电物体而形成较高的接触点,被雷击的概率就会比较大;如果你在城市,周围的建筑物和有金属尖端的东西都比你高,这些物体接收雷电的可能性就比你大。总之,比周边环境更高的金属尖端都会充当"引雷针"的角色。

小贴士

当雷云放电接近地面时会使地面电场发生畸变。在避雷针的顶端,形成局部电场集中的空间,以影响雷电先导放电的发展方向,引导雷电向避雷针放电,再通过接地引下线和接地装置将雷电电流引入大地,从而使被保护物体免遭雷击。

戴防蓝光眼镜能防近视

流言 在电脑前应该戴上防蓝光眼镜,能有效保护视力,预防近视。

真相

通常所称的蓝光是指波长范围在400~500纳米的可见光。蓝光广泛存在于自然界中，不仅是电子屏幕，太阳光、许多LED灯具等同样也有蓝光。蓝光具有造成视网膜损伤的可能性，这与视网膜接收到的蓝光剂量有关。也就是说，蓝光照射只有达到足够的时间和一定强度后才有可能造成视网膜伤害。

质量合格的电子产品已经过滤了有害的短波蓝光，其蓝光危害值基本处于无危险级别，目前也没有蓝光导致近视的直接证据。

医学上暂时还没有充足的证据证明防蓝光眼镜等产品在防控近视方面能够起到显著效果。相反，因防蓝光产品数量众多，产品质量参差不齐，如果选购不当，反而容易给眼睛带来伤害。

小贴士

1. 用眼环境光线要充足舒适，书桌边应有灯光装置，减少反光，以降低对眼睛的伤害。

2. 无论做功课还是看电视，以每30分钟休息片刻为佳，书与眼睛之间的距离应以30厘米为准，看电视时应保持与电视画面对角线6~8倍的距离。

3. 睡眠不足易造成假性近视，经常眺望远处放松眼肌，有益于眼睛的健康。

4. 应特别注意富含维生素A、维生素B类食物的摄取。

5. 凡视力不正常者应到眼科医师处做进一步的检查。

能用磁铁吸住的保温杯就是好保温杯

流言 检测不锈钢是否有磁性可以区分保温杯材质的好坏，能用磁铁吸住的保温杯才是好保温杯。

真相

根据相关国家标准的规定,食具用不锈钢材料包括奥氏体不锈钢、奥氏体-铁素体型双相不锈钢、铁素体型不锈钢等,其中奥氏体不锈钢没有磁性。

日常较常见的304不锈钢和316不锈钢即属于没有磁性的奥氏体不锈钢,其主要合金元素是铁、铬、镍,价格相对高昂。低镍(节镍)含锰奥氏体不锈钢也是没有磁性的,其使用锰和氮代替部分镍,价格相对便宜,不过性能和安全性并不差。另外,参照我国目前对保温容器的多个相关标准,一款合格的保温杯应当在保温效能、异味、耐冲击程度、密封性、手把及提环连接牢度,以及材料卫生安全性方面符合国家标准。因此,是否具有磁性并非评判保温杯好坏的标准。

需要注意的是,对金属元素过敏的人,要根据所标注的不锈钢牌号,查询一下相对应的不锈钢具体成分。例如,对镍过敏的人最好不要选择304不锈钢产品,对锰过敏的人不要选择含锰的不锈钢产品。

小贴士

磁铁不是由人类发明的东西,而是天然的磁铁矿。古希腊人和古代中国人就发现自然界中存在天然磁化的石头。这种石头可以吸起小块的铁片,而且在随意摆动后总是指向同一方向。因此,早期的航海者把这种磁铁作为其最早的指南针在海上辨别方向。

太阳镜颜色越深越能防紫外线

流言 太阳镜镜片颜色越深,越能防止紫外线对眼睛的伤害。

真相

镜片颜色的深浅只会影响对可见光的吸收程度,与抗紫外线能力无关,并不是颜色越深,防紫外线的功能越强,镜片材质才是影响太阳镜防紫外线能力的关键所在。

太阳镜能否防紫外线,主要是由镜片的UV(紫外线)标准决定,例如:UV400的镜片可以防止100%的紫外线,UV100的镜片可以防止96%~98%的紫外线。消费者在购买防紫外线太阳镜时要仔细查看其标识,防紫外线的太阳镜标签上会注明UVA和UVB标识,没有该标识的产品则不具有防紫外线功能。

不具有防紫外线功能但颜色又很深的太阳镜,对眼睛的伤害其实更大。因为深色眼镜会使我们视物变暗,瞳孔变大,这样一来,通过瞳孔区的紫外线量更多,对晶状体及视网膜的伤害范围就会变得更宽,从而容易诱发青光眼、白内障。

小贴士

紫外线可分为短波紫外线(UVC,100~280 nm)、中波紫外线(UVB,280~315 nm)、长波紫外线(UVA,315~400 nm)。自然界的主要紫外线光源是太阳。当太阳光透过大气层时波长短于290 nm的紫外线被大气层中的臭氧层吸收掉了,因此,全部UVC及部分UVB被臭氧层吸收掉了。对人体造成影响的主要是UVA及部分UVB。

空调开除湿模式更省电

流言 空调开除湿模式,比制冷模式更加省电。

真相

开除湿模式是否更省电,要根据室内和室外空气的温度和湿度等情况具体分析,不能一概而论。一般来说,当室内气温在20~30 ℃时,除湿模式比制冷模式省电;当室内气温高于30 ℃时,除湿模式和制冷模式的用电量差不多。但是由于不同厂家的设备工作模式的设定条件不同,以及室内温湿度变化的情况不同,有的除湿模式温度设置略高,反而让人们觉得不舒适。

也就是说,室内温度高时,则开启制冷;室内温度不太高,但湿度大,则可以开启除湿。例如在回南天、梅雨天,或者部分沿海地区在室内湿度大的季节,通过除湿模式降低室内空气的湿度即可让人感觉舒适。

小贴士

空调保养应注意哪些事项?

1. 清除通风口的杂物,保证通风正常,清洁室外通风网罩内的异物。
2. 定期清洗室内、室外换热器表面,以提高换热器的效率。
3. 定期清洗过滤网上的积灰。
4. 定期清洗排水部分的污垢和积聚物。
5. 定期检查供电线路、插头、插板、开关;检查易耗损件,如导风板、杀菌除湿部件、光触媒等。

遮阳伞和雨伞可以混用

流言 遮阳伞和雨伞本质上没有区别,遮阳伞也可以用来防雨。

遮阳伞和雨伞是有区别的，其工艺、结构和检测指标都存在差异。

首先，遮阳伞和普通雨伞的涂层处理不同。雨伞的主要功能是防雨，其伞面涂层主要是防水型涂层；而遮阳伞的主要功能是防晒、防紫外线，使用银胶等具有紫外线屏蔽功能的涂层。

其次，织物密度及面料不同。遮阳伞织物紧密程度一般会比雨伞大，可以起到阻挡紫外线的作用。

最后，检测标准不同。评价雨伞质量的指标包括伞面防雨性能，伞面耐水色牢度、抗风强度等，这些指标可反映出雨伞的防风能力，以及接触雨水后的防锈能力等；而遮阳伞还要看防紫外线性能，通过紫外线防护系数和平均透射比的检测进行综合评定。

遮阳伞的涂层会受到外界因素，比如摩擦、雨淋的影响。如果用遮阳伞来防雨，用久了以后伞面受雨水中的酸性物质侵蚀，可能加速涂层的老化，从而降低防晒效果。也有研究表明，伞面在潮湿的情况下，由于水的光学传导作用，紫外线的透过率可能会增加，导致防晒效果减弱。

小贴士

选购遮阳伞时，首先要关注的就是其防晒指数（UPF）。UPF值越高，表示防晒效果越好。遮阳伞多采用黑胶、银胶等涂层技术来提升防晒效果。黑胶伞吸热慢、降温快，银胶伞则因其反光性能强，能有效减少热量传递。遮阳伞的面料多为涤纶、尼龙等合成纤维材料，在选择时，可以轻触面料感受其厚度和质感，优质的遮阳伞面料往往更加厚实且不易变形。此外，遮阳伞的骨架是其支撑结构，铝合金、纤维玻璃等材质的骨架更加坚固耐用，能够抵抗强风和意外碰撞。

基因检测能"剧透"孩子天赋

流言 采集孩子的口腔黏膜细胞样本,就能用基因技术分析智商、情商等指标,评判孩子未来能否成才。

真相

天赋有很多种,但是目前没有任何一个科学实验和文献研究证明天赋与人类哪些特定的基因有关,因此,这样的检测没有科学依据。

基因决定性状是一个基本的科学概念,但是基因与基因之间的关系非常复杂。一个人带有与某个性状相关的基因位点,不意味着他肯定表现出该性状,因为这个基因位点可能与另外很多其他的基因位点相互作用,这些基因之间相互作用的调控网络非常复杂,尚未研究透彻。目前科学界对绝大多数基因的功能并没有完全搞清楚。有些检测机构声称的位点与天赋关联的准确率可以达到99.7%是没有依据的。

小贴士

基因是遗传的基本单元,携带有遗传信息的DNA或RNA序列,通过复制,把遗传信息传递给下一代,指导蛋白质的合成来表达自己所携带的遗传信息,从而控制生物个体的性状表达。基因检测是通过血液、其他体液或细胞对DNA进行检测的技术,是取被检测者外周静脉血或其他组织细胞,扩增其基因信息后,通过特定设备对被检测者细胞中的DNA分子信息作检测,分析它所含有的基因类型和基因缺陷及其表达功能是否正常的一种方法,从而使人们了解自己的基因信息,明确病因或预知身体患某种疾病的风险。

非承重墙可以随意拆改

流言 房屋内的承重墙是不能拆的，非承重墙则可以随意拆改，不会对建筑物的结构产生影响。

真相

承重墙是指支撑着上部楼层重量的墙体，它形成了整个房屋的骨架结构。承重墙被拆除后，其余建筑结构就要分担受力，产生安全隐患，但非承重墙也不是都可以随意拆改，拆除某些非承重墙其实也是有安全隐患的。

非承重墙具有两个重要的作用，一个是对墙体自重的支撑作用，另一个是抗震作用。就某一房屋来说，拆除非承重墙或在墙上打个洞没有太大问题，但如果整栋楼的居民都随意拆改非承重墙体，就会大大降低楼体的抗震能力。

总之，在装修房屋时，尤其是在承重墙的改造上，大家一定要以一种科学的方式去设计装修，莫让新房变危房。

小贴士

根据在建筑物中是否承重，墙分为承重墙和非承重墙。一方面，墙作为建筑物的外围护结构需要具有足够优良的防水、防风、保温、隔热性能，为室内环境提供保护；另一方面，墙又是建筑师进行空间划分的主要手段，以此满足人们对建筑功能、空间的要求。几乎所有重要的建筑材料都可以成为建造墙的材料，如木材、石材、砖、混凝土、金属材料、高分子材料，甚至玻璃等。

汽车只加半箱油更省油

流言 给汽车加油时，故意只加半箱油，临近耗尽再去加油，这样能减轻车辆负重，可以省油。

真相

我们用科学方法来计算一下，一般的家用轿车油箱容积约50升，一箱油的重量约为35千克（50升 x 0.7千克/升 =35千克）。

少加半箱油也就只能减轻十几千克，这个重量相对于汽车1000多千克的自重来说，基本可以忽略不计。实际生活中，车里少拉点东西，其省油效果更好一些。而且，加不满油还需要多跑几次加油站，费的油和省下来的油相差无几。

实际上，油箱长期不加满油，不但起不到省油的作用，还会伤车。这是因为，一方面，汽车的油泵在工作时温度较高，浸在汽油中可以有效降温，如果油箱中的液面总是过低，就会影响油泵散热，缩短使用寿命。另一方面，如果油面过低，遇到路面不平，汽车颠簸时油泵会经常抽空，加重发动机负担，导致车辆损坏。

小贴士

在各种可以替代汽油的物质中，甲醇和乙醇是最受关注的燃料，它们可以从天然气、煤或植物中转化而来。乙醇汽油污染物排放少，对环境保护有利，在点燃式发动机中，它们的动力性能接近一般汽油。

大地磁暴引发极光，影响身体健康

流言 发生大地磁暴时，也会出现极光活动；磁暴会影响人的身体健康，使人出现心慌、失眠等症状。

真相

磁暴是太阳活动造成的一种现象，其中太阳发射的高能粒子与地球的磁场相互作用，可能会影响无线电波的传播，从而干扰地面通信和卫星信号，影响导航卫星系统的精确度，以及手机和卫星电视的信号质量，但其对普通人的身体健康几乎没有影响。

有研究认为强烈的地磁活动可能会影响动物的迁徙和导航能力，但对在国际空间站等环境中工作的宇航员的影响可能会更大。磁暴期间辐射增加，宇航员通常需要采取额外的防护措施。此外，飞行在高纬度地区的飞机可能会因为磁暴而受到更高水平的辐射，航空公司有时会改变航线以减少乘客和机组人员的辐射暴露。

小贴士

地球的极光由太阳风引起，当太阳风到达地球时，其中的高能带电粒子流在地球磁场作用下，会沿着磁力线的方向到达两极，从而呈现灿烂美丽的光辉。

北斗卫星导航系统会频繁掉线

流言 车载北斗卫星导航系统会频繁掉线,"北斗系统"不靠谱。

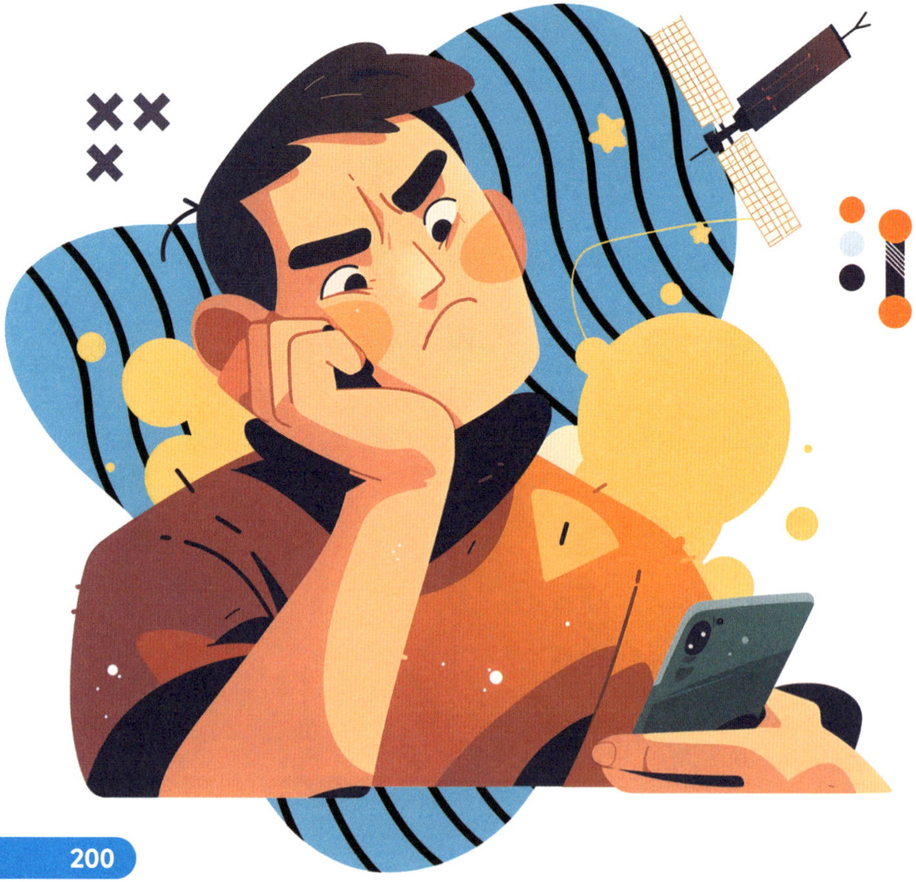

真相

北斗卫星导航系统，简称BDS，是中国自行研制的全球卫星导航系统，也是继GPS、GLONASS之后的第三个成熟的卫星导航系统。北斗卫星导航系统由空间段、地面段和用户段三部分组成，可在全球范围内全天候、全天时为各类用户提供高精度、高可靠定位、导航、授时服务，并且具备短报文通信能力。市场上很多所谓的"北斗产品"，往往只是某一企业的产品，并不能代表北斗系统。北斗系统具有释放出导航定位等能力，但具体如何去使用，则由第三方软件或硬件，也就是"北斗产品"来实现。可以肯定的是，北斗系统没有问题，也有严格的实时监测，不存在卫星掉线导致信号中断的可能性。

正因为北斗系统的名头响、口碑好，老百姓十分关注，利用"北斗"的高科技名头进行忽悠的现象才时有发生。对于有些商家借北斗系统之名行炒作之实的行为，要予以纠正，这既是对行业的规范，更是对北斗系统的保护。

小贴士

根据《北斗卫星导航系统2035年前发展规划》，未来在确保北斗三号系统稳定运行基础上，中国将建设技术更先进、功能更强大、服务更优质的下一代北斗系统。

附录一
"科学"流言的成因与传播规律

流言的产生和传播是一个复杂而多层面的社会现象,其影响范围和深度随着现代信息技术的飞速发展而不断增加 —— 在这个信息爆炸的时代,科学流言的传播速度和影响力往往呈指数级增长,其潜在危害不容忽视。

要破除流言,首先必须弄清它们为何产生、如何形成以及借助何种套路传播。只有深刻理解流言的内在逻辑和背后的人群心理、传播机制,才能为后续的辟谣措施提供坚实的理论基础。

一、流言产生的背景与深层原因分析

对过去十年的"科学"流言榜进行深入剖析后,我们能够清晰地梳理出科学流言滋生的主要根源。这些因素相互交织,共同构成了流言传播的复杂生态。

知识鸿沟

一是专业知识与公众认知存在巨大落差。当今时代,科学技术飞速迭代发展,各个领域的专业知识不断向纵深拓展,变得愈发精细与复杂。以基因技术为例,像基因编辑、转基因这类前沿概念,对于普通大众而言,犹如雾里看花,难以理解其核心要义。公众由于对基因底层原

理的认知缺失,在面对相关信息时,极易产生曲解。一些居心不良者正是瞅准了这种知识上的差距,大肆传播诸如"转基因食品会改变人类基因"的流言,使得公众对转基因技术产生错误认知,极大地阻碍了转基因技术在农业等领域的科学应用与推广。

二是科学传播滞后,知识普及遇阻。从科研成果在实验室诞生,到真正走进大众的视野,这中间往往存在着较长的时间差。在这段时间里,由于公众无法及时获取最新的科学知识,陈旧观念与错误信息便乘虚而入。就拿量子计算领域来说,在取得重大突破后,相关原理和应用的科普工作未能及时跟上步伐,致使"量子产品能治愈百病"这类荒谬流言在市场上肆意蔓延。不良商家正是利用了公众对前沿科技的好奇与陌生,兜售各种名不副实的"量子产品",误导消费者。

心理因素

一是确认偏误:认知的禁锢。人们在接收信息时,存在一种根深蒂固的心理倾向,即更倾向于相信那些与自己已有认知和观念相契合的内容。在养生领域,"食物相克"的观念长期深入人心。所以当人们看到"菠菜和豆腐一起吃会得结石"这样的流言时,往往不假思索地选择相信并传播,全然忽视了科学研究早已证实这种说法毫无根据。在很多人的内心深处,维护自身已有的认知体系似乎比探寻科学真相更为重要。

二是恐慌心理:对未知的恐惧。当人们面临未知风险时,心理上的恐慌会使他们更容易相信夸大的负面信息。例如,某种传染病流行的初期,由于人们对相关疾病不了解,就容易让类似"吸烟能预防感染""喝高度酒可抵抗病毒"等毫无科学依据的流言迅速扩散。在恐慌情绪的笼罩下，公众急切地渴望找到一种简单有效的应对之策，即便这些流言毫无科学支撑，也依然被广泛传播。

利益驱动

一是商业利益的诱惑。在利益的驱使下，部分企业和个人不惜违背道德底线，制造流言以推广自身的产品或服务。这一现象在保健品市场尤为猖獗。一些不良商家为了推销所谓的"抗癌保健品"或"防猝死套餐"，四处散布流言，利用患者及其家属的急切心理，骗取钱财。这些流言不仅误导了消费者，更可能使患者错失正规治疗的最佳时机，造成无法挽回的后果。

二是政治目的的裹挟。在关于国际事务以及国内政策的讨论中，部分势力常常将科学议题当作实现政治诉求的工具。以气候变化问题为例，一些利益集团为了维护传统能源产业的利益，不惜传播"全球气候变暖是科学家编造的谎言"等流言，试图干扰政府制定合理的环保政策，阻碍可持续发展战略的顺利实施。

媒体生态

一是"标题党"乱象。在互联网信息爆炸的时代，媒体竞争日益激烈。为了吸引更高的点击率和流量，部分媒体不惜采用"标题党"手段，故意夸大或歪曲科学事实。例如"震惊！微波炉加热食物会产生致癌物质"这样的标题，正是利用了公众对癌症的恐惧心理来吸引眼球。但事实上，微波炉加热食物并不会产生致癌物质，这种标题严重歪曲了科学事实，误导了公众对微波炉的正常使用。

二是信息茧房的束缚。互联网平台的算法推荐机制依据用户的浏览历史和兴趣偏好推送信息，这使得用户逐渐被困在自己的信息舒适区内，难以接触到多元化的观点。以关注养生的用户为例，算法会持续推送各类养生信息，其中可能就包含"碱性水有益健康"等缺乏科学依据的流言。由于用户长期接触这类片面信息，缺乏不同观点的碰撞和科学的纠正，便更容易相信并传播这些流言。

科学本身的不确定性

一是研究结果的局限。科学研究是一个永无止境的探索过程，研究结果往往具有一定的暂时性和局限性。在医学领域，曾有研究认为大剂量服用维生素C可以预防和治疗感冒，但后续研究却发现其效果并不显著。这种前后不一致的研究结果，被一些人误解为科学不可信，进而传播"科学研究都是骗人的"这类流言，严重损害了公众对科学的信任。

二是矛盾结果引发的困惑。在同一科学问题上，不同研究团队可能会得出相互矛盾的结果。以咖啡对健康的影响为例，有的研究表明适量饮用咖啡有益心血管健康，而有的研究则指出过量饮用咖啡可能增加患病风险。这种看似矛盾的研究结果让公众感到困惑不已，加剧了公众对科学信息的不信任。

二、"科学"流言集中的热点领域

通过对2014—2024年每月"科学"流言榜发布的1048条"科学"流言进行深度分析，我们不难发现：它们常常利用了人们对健康的关注、对科学知识的片面理解、对生活常识的惯性记忆以及对未知的恐惧，因此集中出现在某些领域中。

这些热点流言可以归纳为六个主题,分别是食品安全、养生保健、医疗健康、生态环境、新兴科技、其他领域。数据分析结果表明,这六大主题在空间分布上不具有重叠性,因此该划分标准具备一定科学性。

食品安全主题:总体占比相对较为稳定,在不同年份间有一定波动。2014年占比为25.89%,2015年上升至34.23%,随后在2016—2019年间保持在30%左右的水平,2020年降至13.64%,之后又在2021—2024年间维持在16%~18%。这一领域的流言常常引发公众的广泛关注,比如在2017年,"塑料大米流入市场"这一流言就曾造成民众对食品安全的恐慌,类似这样的流言反映出公众对食品来源和质量的高度关切。

养生保健主题:不同年份的占比有明显波动。2014年占比为23.21%,2015—2017年保持在24%~27%,2018年降至21.62%,2019年显著上升至31.08%,随后在2020—2024年间,占比在14.94%~29.52%之间波动。这反映出公众对养生保健的关注度随时间变化,可能与新的养生观念、产品或事件的出现有关。例如在2015—2016年,随着酵素类产品在市场上的火热推广,"酵素能抗癌抗衰老""酵素减肥效果显著"等相关养生流言在公众之间广泛传播。商家大力宣传酵素具有排毒养颜、调节身体机能等神奇功效,吸引了众多消费者关注,反映出公众对这类新兴养生产品的高度关注。

医疗健康主题:在各主题中占比较高且波动较大。2014年占比为32.14%,2015年降至18.92%,2016—2018年又回升至

20%~30%区间,2019—2020年大幅上升,分别达到36.49%和50%,之后在2021—2024年间有所回落,但仍保持在34%~38%之间。这一领域的流言往往与公众的生命健康息息相关,如在2020年新冠疫情暴发期间,"喝白酒能预防新冠病毒"这样的流言层出不穷,凸显了在特殊时期公众对医疗健康信息的高度敏感。

生态环境主题: 占比相对较低且较为平稳。大部分年份维持在1%~5%之间,仅在2021年达到10.34%,2019年、2022年以及2024年均为0。虽然占比不高,但也存在一些引发关注的流言,比如在2021年随着北京沙尘暴的爆发,曾出现"人为活动是北京爆发沙尘暴的罪魁祸首"的流言,反映出公众对生态环境问题的关注。

新兴科技主题: 占比在不同年份间差异较大。2014—2017年维持在3%~4%,2018—2019年显著上升,分别达到9.46%和14.86%,之后在2020—2024年间,占比在1.82%~11.49%之间波动。随着科技的快速发展,新兴科技领域的流言逐渐增多,像2019年"5G辐射危害人体健康"的流言,就因5G技术的快速推广而被广泛传播,体现了公众对新兴技术潜在影响的担忧。

其他领域主题: 占比同样有一定波动。2014年为9.82%,2015—2017年在11%~12%,2018年大幅上升至22.97%,随后在2019—2024年间,占比在8.11%~18.39%之间变化。这一领域涵盖广泛,例如在2022年曾有"狗受委屈时也会流泪"这类难以归类的流言出现,反映出除上述五大主题外,其他领域也存在各种奇奇怪怪的流言。

对各年份流言在六大主题中的分布情况进行分析，找出不同主题在各年份的占比变化，也能反映出公众关注点、社会热点事件以及科技发展等因素对科学流言传播的综合影响。

此外，通过分析各个热点主题中的高频词汇，我们也可以大致了解各个领域流言的主要内容倾向和公众关注的焦点。例如，医疗健康主题相关的高频词有"预防""疫苗""减肥""身体""新冠""流感""尿酸""接种""辐射""降温"等。

三、"科学"流言的十种常见套路解析

混淆概念、偷天换日

流言制造者常通过使用看似专业的科学术语和伪科学概念，将原本正确的科学原理进行混淆。这种手法让人误以为他们掌握了某种深奥的科学知识，实际上却是在转移话题或误导受众。当人们对某一领域的科学知识了解有限，或者缺乏批判性思考时，就容易被这些"高大上"的伪概念迷惑，进而产生误解。

流言实例：

"酸性体质是百病之源"（人体的酸碱平衡有严格的调节机制，酸性体质并非引发疾病的根本原因）

"吃芹菜可以降血压"（要想通过吃芹菜达到降血压的效果，则要一次吃1.7千克以上，这显然是不现实的）

成见效应、先入为主

当公众面对不熟悉的科学现象或技术时，往往容易凭借初步的印象

或第一反应来作出判断。这种判断通常缺乏科学依据,甚至会带有一定的偏见。这种让成见"先入为主"的判断方式会使人对信息产生预设立场,并容易产生过度的恐惧或盲目信任。相关流言往往利用了人们的这种心理弱点,激发公众的焦虑情绪,并通过反复传播加深这种误解,从而获得更多关注。

流言实例:

"大个儿草莓都打了激素"("个头大"的草莓,例如"幸香"草莓是从日本引进的杂交选育品种,本身"个头儿"就很大)

"受冻会导致关节炎"(没有因为寒冷直接导致的关节炎)

不当联想、当局者迷

公众面对与自身相关的信息时,如果进行错误或过度的联想,就可能落入流言的圈套。例如,将某些可能性或相关性误解为因果性和必然性,导致信息在传播过程中失真。

流言实例:

"咳嗽久了会成肺炎"(咳嗽仅是疾病的症状,不是一种疾病,咳嗽本身不会引起肺炎)

"辐照食品有放射性,不能吃"(辐照食品没有放射性污染残留,不会对食品安全产生威胁)

主观推断、一知半解

有些人在缺乏足够科学知识和深入了解的情况下,很容易根据片面的信息"脑补"并作出主观推断。这种推断往往基于感性认识,而不是基于理性和事实。特别是对前沿科技和复杂概念的理解,很多人往往由于不了

解相关原理而得出不准确的结论。这种现象在社交媒体上传播尤为迅速，往往因为缺乏核实和反思，形成了大量错误的信息和误导性的看法。提高科学素养、理性分析和多角度思考是抵制这种流言的有效手段。

流言实例：

"吃了胶原蛋白补品，皮肤就能变好"（胶原蛋白补品并不能立刻改善皮肤状态）

"隔夜茶喝了会中毒"（隔夜茶没有严格的定义，泡久了的茶水除了颜色和口感发生变化外，并不会产生有毒物质）

惯性思维、信息偏差

惯性思维是人类大脑对已知信息的一种依赖性反应。人们面对科学问题时，会习惯性地将自己的思维框架和经验应用到新问题上，从而忽略了问题的复杂性。在关于热点新闻话题的讨论中，关键信息在第一时间的缺位，导致人们常常过度依赖"常识"或过时的观点来作出判断。

流言实例：

"睡光板床可以治疗腰椎病"（床板太硬同样会造成脊柱扭曲）

"热射病只发生在室外"（室内闷热、缺乏通风也可能导致热射病）

夸大其词、添油加醋

某些流言不顾限定条件，将科学结论夸大，以偏概全，极具迷惑性。这是信息传播中最常见的现象之一，主要表现为人们在转述时喜欢添油加醋，根据个人理解和喜好添加自己的想法，将"个例"夸大为"共性"，将"一般情况"夸大为"普遍情况"，某些科学发现的局限性被忽略，被夸大为"诺奖级突破"或"即将改变世界"，即所谓"听风就是雨"。许多流言、谣言往往披着科普、说理的外衣，利用公众关注的痛点和痒点进行夸大传播。

面对这类流言，我们需要保持客观理性，多方了解，不要先入为主，也不偏听偏信。特别是面对所谓"惊爆内幕""细思极恐""重磅消息"等话语，要提高警惕，注意信息来源是否可靠、是否权威，发言者是否具备专业背景，避免被所谓"大V"带节奏。

流言实例：

"新能源汽车辐射强，会致癌"（国家对电磁辐射有严格的限值要求，车辆上市前都要进行严格的检测）

"孩子矫正牙齿越早越好"（正畸时机因人而异，取决于多种因素，需要经过正规医疗机构评估）

断章取义、片面理解

一些流言选取完整科学结论中的一部分进行单独加工传播，但可能与原意大相径庭。这是人们认识事物过程中常见的思维误区，属于典型的片面性认识范畴，指的是不顾全篇文章或谈话的内容，孤立地取其中的一段或一句的意思。脱离前后语境及条件限制，会造成整体理解错误，以偏概全，违背原始结论的核心。

因此，我们在面对他人转述的信息时要特别留心，从多个维度对信息的准确性进行判断，包括常识性、逻辑性或合理性等，并思考该结论是否有限制条件。科学研究经常采用精确统计、归纳总结的方法，可以有效避免片面性的谬误出现。

流言实例：

"量子计算机可以取代传统计算机"（量子计算仍处于实验阶段）

"打一针疫苗就不会得癌症了"（一种疫苗往往只对一种病原体有用，广谱的癌症预防疫苗并不现实）

刻板印象、思维定式

"刻板印象"指人们对特定事物所持有的固定化、简单化的观念和印象，通常伴随着对事物的价值评价和好恶情感。简而言之，就是我们常说的"成见"。产生刻板印象的主要原因是人们的思维定式：习惯性地给事物"贴标签"。要打破刻板印象或思维定式，最重要的是遇事不急于下结论或定论，而是尽可能多地了解详细情况，掌握确凿的科学证据，让事实说话。

流言实例：

"孩子发烧时'捂汗'可以退烧"（"捂汗"并非科学的退烧方法，可能加重体温升高）

"'三高'人群不能吃蛋黄"（没有证据表明饮食胆固醇多一些会导致高血脂或心脏病）

非此即彼、简单联想

许多人倾向于用极端的、非黑即白的标准来认识事物，或对事对人作出简单的论断和评价。"非此即彼"和简单联想是理性、客观的对立面，也是科学决策的大敌。流言制造者往往利用这种心理，将复杂的事情过度简单抽象化，进而推动一种极端的观点或结论。科学问题通常不是非此即彼的简单问题，而是需要多角度分析和深刻理解。在现实生活中，看待事物应采用多元、多角度的观察和思考模式，尽可能全面、精确、真实地理解事物，进而作出合理、科学的抉择。

流言实例：

"脱脂奶比全脂奶更健康"（脱脂奶与全脂奶各有优缺点，不同健康需求的人应选择不同类型）

"食品保质期越长，防腐剂越多"（并非所有保质期长的食品都含有大量防腐剂，保质期长的产品有多种保存方法）

借题发挥、煽风点火

这类流言往往超出正常讨论的范畴，通过恶意解读制造恐慌或不安，误导公众从"阴谋论"角度看待问题，煽风点火、搅动舆论。

对此，我们需要保持警惕。一方面，组织相关专业人士大力科普，正本清源，压缩这些不良信息或谣言的生存空间；另一方面，严格按照国家相关规定对网络空间进行监督管理，对涉及违法犯罪的人采取必要的法律手段。

流言实例：

"5G基站比4G基站辐射更强、危害更大"（5G辐射与4G并无显著区别，相关研究表明其辐射对人体无重大影响）

"用保鲜膜包裹食物加热会致癌"（只要使用符合相关要求的产品，就不用过度担忧）

四、传播媒介演化对流言传播的影响

科学流言的传播形式变化，与传播媒介的发展紧密相连。传播媒介的变化深刻反映了互联网生态的快速演进，同时也对信息生态系统产生了深远影响。

2014—2016年——传统与新兴媒体交织

这一阶段，微博和微信朋友圈刚刚兴起，成为流言的重要传播渠道。微博以其开放性和话题性迅速引发大量讨论，而微信朋友圈则依靠熟人信任推动流言在小圈子内扩散。同时，传统媒体如报纸和电视仍发挥关键作用：它们既可能误报、放大流言，也因其权威性会使公众高度依赖。

2017—2019年——短视频与公众号的影响力凸显

这一阶段，短视频平台如抖音、快手迅速崛起，凭借直观、生动的形式吸引大量用户，同时也为缺乏科学依据的流言提供了传播温床。图文并茂的公众号文章则通过精美排版和吸引眼球的标题，使读者在不知不觉中接受了错误信息。

2020年至今——即时通信与跨平台传播的挑战

微信群等即时通信工具以其即时性和私密性，使流言得以快速扩散，尤其在疫情期间，各种防疫流言在群内迅速蔓延。单一流言往往跨越微博、微信、短视频等多个平台传播，加重了辟谣难度。

此外，算法推荐根据用户兴趣精准推送信息，使某些流言在特定群体中更易传播和放大。

十年间，传播媒介与信息生态系统的逻辑架构层次呈现出以下几点显著的变化。

第一，底层技术的演进及普及。包括4G、5G网络引起的宽带网络提速，云计算、大数据、人工智能等技术的发展，这些技术为科学流言及其真相的传播提供了基础支持。

第二,传播平台的演变。不同主体在传播流言时的动机和方式存在显著差异:专业媒体在传播信息时通常更为谨慎,注重信息的真实性和准确性;相比之下,普通用户和自媒体的传播行为则相对随意,往往更注重个人表达和即时分享。

第三,传播形式的多样化。从最初的文字、图文传播,到互联网时代的音频、视频传播,科学流言的传播主体根据传播平台的特性,采取的传播形式对受众的吸引力不断增强。

第四,传播波及层面愈发深刻。波及层面从引导社会舆论的走向、改变公众对科学知识的认知,深入到对相关行业发展产生负面影响。

上述这些变化,揭示了几个重要趋势:一是信息传播呈现碎片化,短视频和朋友圈等形式虽满足快节奏需求,却常将复杂问题过度简化;二是即时通信工具使流言传播速度大幅加快,裂变式扩散使辟谣难度增加;三是算法推荐导致用户长期处于同质信息环境,强化个人偏见,易造成群体极化。

总之,只有深刻剖析科学流言产生的社会、心理和传播机制,我们才能真正做到"知其然,知其所以然",为破除流言奠定坚实的理论基础。

附录二
破除"科学"流言的策略与实践

科学流言不仅可能误导公众,影响社会稳定,还可能对科学研究和技术创新产生负面影响。因此,防范和应对科学流言已成为重要任务,它需要社会各界共同参与、持续投入资源和精力。其重要性不亚于科学研究本身。

理解流言的内在逻辑只是第一步。真正的关键在于如何利用科学方法,多方协同,迅速、高效地破除流言的迷雾。破除流言不仅需要理论武装,更需要找到实践中的"金钥匙",用以打通辟谣工作的各个环节,从而构建健康的信息传播环境。

一、辟谣策略的演进与实践经验

过去十年,在应对"科学"流言的历程中,辟谣策略的持续更迭,生动展现了科学传播领域的蓬勃创新活力。

2014—2016 年——传统模式主导

在这一时期,辟谣主要依赖文字解释和专家声明。当各类科学流言涌现时,专家们凭借专业知识撰写长文,从科学原理层面剖析流言的错误之处。例如在"转基因食品致癌"流言甚嚣尘上时,农业领域的专家通过撰写专业文章或接受专栏采访,详细解释转基因技术的原理以及相关食品安全检测标准,以严谨的科学语言阐述转基因食品与癌症之间并无关联。这一阶段的辟谣内容多发表于传统媒体和官方网站,如报纸的科普专栏、电视台的科教节目,以及官方网站的信息发布板块。然而,这种单一的辟谣方式存在一定局限性,文字内容往往较为枯燥,对于普通大众而言,理解门槛较高,传播范围也相对有限,难以在短时间内快速覆盖广大受众,辟谣效果难以充分发挥。

2017—2019 年——创新初显成效

此阶段,数据可视化手段开始被运用到辟谣工作中。利用图表、信息图等形式,将复杂的科学知识和辟谣信息直观地呈现出来。比如在解释"5G辐射危害人体"的流言时,制作对比图表可以清晰展示 5G、4G 以及日常生活中常见辐射源的辐射强度数值,让公众一目了然地了解到 5G 辐射在安全范围内。同时,社交媒体崛起成为重要的辟谣平台,以微博辟谣平台为代表,众多官方机构、媒体和科普达人纷纷入驻。一旦有流言传播,各方能够迅速在微博上发布辟谣信息,借助微博的传播速度和广泛覆盖面,辟谣内容得以快速扩散。这种转变使得辟谣信息能够更及时地触达公众,且图文并茂的形式降低了公众的理解难度,有效提升了辟谣效率。

2020 年至今——多元协同发展

随着新媒体技术的飞速发展,短视频、动画等多媒体形式在科普和辟谣中得到广泛应用。截至 2024 年,抖音、B 站等新媒体平台已成为辟谣的主要阵地,通过制作精良的科普短视频和动画短片,以生动有趣的故事、形象的动画角色,讲解科学知识和辟谣内容。相关政府部门积极鼓励新媒体辟谣模式,如江苏省互联网违法和有害不良信息举报中心统计并发布了"2024年度江苏网络辟谣十大优秀作品"。同时,大数据分析技术在辟谣中发挥重要作用,通过对海量网络数据的分析,预测可能出现的流言,提前做好辟谣准备,实现预防性辟谣。如在新的流感季节来临前,可通过大数据分析公众对流感防治的关注点和可能产生的误解,提前发布相关科普辟谣内容。此外,跨平台、跨领域的辟谣联盟纷纷建立,政府监管部门、媒体、科研机构、互联网平台等多方携手合作。当"塑料大米"流言出现时,政府监管部门提供调查数据,科研机构给出专业检测结果,媒体负责广泛宣传,互联网平台则对相关不实信息进行清理和限流,形成全方位的辟谣协同机制。

每月"科学"流言榜由中国科学院、北京大学、清华大学、北京协和医院、解放军总医院等科研院所、高校及医疗机构权威专家参与解读,构建全新的科学传播协同模式,积累流言传播与证伪一手资料。2017年起衍生出年度十大流言榜发布活动,从线上延伸至线下,成为跨年科学总结活动,进一步提升品牌传播力与影响力,并借助活动联系各方辟谣力量,落实社会化协同辟谣。在专业支撑上,每月"科学"流言榜邀请北京市科学技术研究院科技情报研究所人员参与全环节,还吸收腾讯新闻较真平台等作为轮值单位加强互联网选题监控。凭借积极的社会贡献以及良好的示范引领作用,每月"科学"流言榜多次获得宣传部门的表扬和肯定。

从以上辟谣策略的演化路径分析中,可以发现以下几个重要趋势。

一是传播形式的多元化。从早期单一的文字说明,逐步发展到图文并茂、视频动画等多种形式齐头并进。多元化的传播形式使辟谣内容更加生动有趣,能够吸引不同受众群体,满足他们多样化的信息接收习惯,大大提高了辟谣信息的传播效果。

二是技术手段的升级。大数据、人工智能等先进技术在辟谣工作中的深

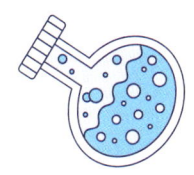

度应用,让辟谣工作如虎添翼。大数据分析能够精准定位流言传播源头和受众群体,为辟谣提供针对性策略;人工智能可以实现智能监测流言,及时发出预警。这些技术的运用极大地提高了辟谣的效率和精准度。

三是协作机制的形成。政府、媒体、科研机构、互联网平台等多方力量摒弃各自为战的模式,形成强大合力。各方发挥自身优势,共同应对科学流言,从不同角度、不同层面全方位阻击流言传播,构建起更加完善的辟谣体系。

可以看出,在过去的流言应对实践中,辟谣策略并非一成不变,而是随着实际情况不断演进。从最初较为单一的辟谣方式,逐渐发展为多元化、综合化的策略体系。科学传播也在持续创新,不再局限于传统的科普渠道和形式,而是充分利用新媒体、大数据等技术手段,拓展传播的广度和深度,这些都为有效应对科学流言提供了有力支撑。

从2014—2024年度各类辟谣来源出现频次及占比的数据来看,专业对口者以239次的出现频次,占比87%,成为辟谣的主要力量。这表明专业知识在辟谣工作中起着至关重要的作用。职位与辟谣内容相匹配人员出现频次为156次,占比59%,也在辟谣工作中发挥着重要作用。而谣言受益者出现频次仅为11次,占比4%,这说明从利益相关角度进行辟谣的情况相对较少。权威性不足的辟谣来源出现频次为99次,占比38%,这也反映出在辟谣工作中,信息来源的可信度仍是需要关注的问题。

二、弥补不足,有针对性地阻击流言

在当今信息爆炸的时代,公众面对海量信息时常常难以辨别真伪。以下几个因素使公众更容易成为流言的"靶子"。对这些因素进行有针对性的

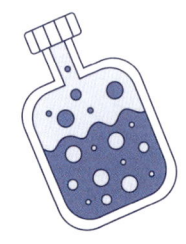

"各个击破",我们就可以更好地阻截流言的传播。

1. 科学素养的缺失

科学素养的缺失是导致公众容易接受流言的根本原因之一。科学素养不仅仅指人们对科学知识的掌握程度,还包括他们如何理解科学方法和科学思维。学校教育侧重于知识的传授,而忽略了培养学生独立思考和辨别信息真伪的能力。由于缺乏必要的科学方法论指导,许多人在面对复杂信息时容易产生认知偏差,无法有效判断信息的真实性。

现代社会中,科技进步日新月异,缺乏科学素养的公众往往无法有效判断科学信息的真实性,很容易被那些表面看似合理、实际却没有科学依据的流言误导。当公众面对涉及健康、环境、技术等领域的信息时,如果他们没有基本的科学知识作为指导,便难以识别真假。许多关于健康的流言,比如某种食品或药物具有某种"神奇疗效",通常缺乏科学实验数据的支持,但公众在缺乏辨识能力的情况下,往往容易相信这些说法。缺乏理性思维能力的公众容易相信与其已有认知相符的信息,而忽视或排斥与之相悖的信息,这就使得流言的传播变得更加容易。

2. 权威信息传播的滞后性

虽然政府机构、科研单位和媒体都在进行信息发布和传播,但在面对流言时,这些权威信息的传播往往滞后于流言的扩散。这种信息真空为流言的滋生和传播提供了有利条件。随着社交媒体和即时通信工具的普及,信息可以在几秒钟内传播到世界的任何角落,而官方和权威机构通常需要更多的时间来核实信息,进行正式发布。这种信息传播速度的不对称,导致流言的迅速蔓延,而反驳或澄清这些流言的官方信息往往赶不上流言的

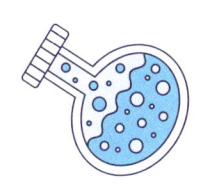

传播速度,造成了公众对流言的轻信。

社交平台的算法也是促使公众接受流言的重要因素之一。现代社交媒体平台通过复杂的算法推荐系统,依据用户的兴趣、历史行为以及互动模式来推送内容,这种算法推荐有时会大大助长虚假信息的传播。由于社交媒体的算法往往倾向于推送那些能够引发强烈情感反应的内容,因此那些极端、夸张的流言更容易进入公众视野。再加上社交平台的即时性和信息流的碎片化,使得公众在面对海量信息时,难以进行充分的验证和理性筛选。

3. 辟谣机制的不完善

目前,虽然各大平台和政府部门在逐步加强辟谣工作,但现有的辟谣机制往往无法及时、全面、有效地覆盖所有受众。辟谣信息的传播范围与影响力常常远不及谣言,特别是在社交媒体平台上,流言一旦形成"病毒式"传播,很难通过传统的辟谣方式进行有效遏制。例如,某些自媒体发布的流言,在特定的群体(如老年人、青少年)中广泛传播,而权威辟谣信息的传播往往未能及时触及这些群体。

此外,部分辟谣信息呈现的方式单一,难以吸引大众的注意力。例如,传统的文字辟谣可能不如视频、图解等方式生动、直观。随着短视频平台的兴起,辟谣内容的传播需要通过更加创新的方式呈现,否则很难与流言的传播速度和影响力相抗衡。辟谣机制不完善,可能助长某些错误信息蔓延。

4. 科学表述与公众理解之间的鸿沟

科学语言和公众的日常语言之间存在着一道鸿沟,科技工作者在表达观点时常常使用大量的专业术语和复杂的概念,这使得普通公众难以理解。这种沟通障碍使得一些科学信息在传达过程中出现了误解或曲解,进一步增强了公众对流言的接受度。科学研究的精确性和复杂性本应是信息传播的重要特征，但由于公众普遍缺乏相关领域的基础知识，他们往往会对那些过于专业或晦涩难懂的信息感到困惑和排斥。

因此，科技工作者面临的一个重要挑战是如何将复杂的科学知识以通俗易懂的方式传递给公众。过于专业的表达方式会导致对信息的误解，而过度简化则可能导致科学性丧失。在科学传播过程中，找到两者之间的平衡至关重要。同时，这也要求科技工作者不仅仅是知识的传播者，更是信息的解释者和桥梁的搭建者，能够有效地将复杂的科学信息转换为公众能够理解和吸收的内容。

5. 公众的心理倾向

"宁可信其有，不可信其无"是人们在面对不确定信息时常有的心理状态。公众对某些流言的接受度往往受到心理因素的影响，尤其是当这些流言触及他们生活中容易产生焦虑的领域时，比如健康、财富、家庭等问题。由于每个人都希望自己能够获得最佳的健康建议和预防措施，所以当某些流言听起来非常符合人们的期待或需求时，往往更容易被相信，尽管这些流言并没有实际的科学依据。

此外，人在面对不确定性和未知时，通常会更倾向于接受那些听起来"言之凿凿"甚至惊人的流言。特别是在情感驱动的情境中，这种心理倾向尤为明显。例如，许多关于"治愈癌症的神奇方法"或"革命性技术"的流言，就是利用人们对未来健康的恐慌和对美好生活的渴望，将科学原理简化甚至曲解，不断放出虚假但诱人的承诺。

6. 信息碎片化的挑战

信息碎片化是当今信息时代的一大特征，尤其在社交媒体和网络环境中，信息往往以片段化的方式呈现，导致公众无法在全面理解问题的基础上作出判断。流言的传播往往依赖于信息的片段化，这些片段可能只是某些科学研究或新闻报道的零散部分，没有详细的背景和解释。当这些片段信息被断章取义并迅速传播时，公众就很难从整体上掌握其中的科学依据，从而导致误解。

例如，在报道某项研究成果时，传播者可能只关注其中某一个亮眼的结果，而忽略了研究中其他细节或结论的局限性。公众在接收到这些碎片化信息时，由于缺乏系统的知识储备，很容易断章取义，误解其真正的科学意义。这种情况在复杂的科学问题或技术问题中表现得尤为突出。

三、多维应对，有效落实防范与应对策略

1. 提高公众的防范意识

流言的传播往往因公众缺乏对其潜在危害的认知而更加猖獗。利用社区讲座、校园宣传、媒体报道等形式，可以广泛普及谣言对公众的危害。例如，某些健康谣言可能导致人们拒绝必要的治疗。因此，需要以人们熟悉的案例为切入点，帮助公众认识到流言危害的严重性，从而增强防范意识。此外，还可以采用公益广告、互动式活动等形式，使辟谣更加贴近生活，让公众更主动地参与到谣言防控中。

2. 多方协同合作

破除流言并非单一组织或个人的任务，而需要科普机构、新闻媒体、社交平台及政府部门共同参与，形成合力。例如，科普机构可以提供权威的科学解释，新闻媒体负责快速辟谣并传播正确信息，社交平台则需要优化算

法，减少谣言的传播范围。政府部门可以牵头组织多方协调机制，为流言应对提供制度保障。与此同时，还可以邀请不同领域专家组成"谣言鉴定团"，通过线上问答、视频科普等形式，以专业知识化解公众疑虑。

3. 创新辟谣策略

传统的辟谣方式往往缺乏吸引力，难以在传播的速度和广度方面与流言竞争。因此，需要在策略上更加创新和精准。例如，利用人工智能技术实时监测网络谣言并进行传播路径分析，确保谣言能够在早期被发现并遏制。此外，辟谣内容可以采用更具互动性和趣味性的表达方式，如短视频、图解和漫画等，让公众在轻松的氛围中获取真实信息。针对特定群体（如老年人）的辟谣，还可以设计专门的传播方式，如发放科普手册，或结合广场舞、健康讲座等形式进行辟谣。

4. 加大对造谣的惩处力度

流言的制造和传播者往往缺乏相应的法律认知，这使得谣言屡禁不止。因此，应通过完善相关法律法规，对恶意制造和传播谣言的个人或组织依法追责，提高造谣行为的违法成本。同时，政府部门应加强执法力度，针对典型案例进行公开曝光，以儆效尤。此外，还可以推动制定网络平台管理细则，要求社交媒体对涉谣内容迅速删除，并记录传播者的相关信息，形成全链条的追责机制。

5. 提升公民科学素养

公众的科学素养直接决定了他们对流言的辨别能力。可以将批判性思维教育纳入学校课程，通过科学实验、模拟案例分析等方法，培养学生的求真意识。例如，可以引导学生从日常生活现象入手，用科学的方法验证信息的真实性。对于成年人,则可以通过线上科普课程、线下科普展览和读书活动等多样化的形式,激发其学习兴趣。此外,还可以利用热门影视作品、网络直播等手段将科普内容融入娱乐,让公众在潜移默化中提升科学素养。

6.建立预警机制

针对流言的高发领域(如健康、食品安全、金融等),可以由科协或相关政府部门牵头,打造流言风险预警系统。这一系统可以通过大数据分析、热点监测等手段,追踪潜在流言的起源和传播路径。例如,一旦发现某个关键词在短时间内被大量提及,系统就发出警报,并组织专家团队对相关内容进行核查。针对确定为谣言的信息,应迅速发布官方澄清声明,并利用媒体和社交平台广泛传播。此外,还可以开发专门的辟谣应用,方便公众随时查询信息的真实性,形成全社会共同应对的格局。

7.优化信息生态

信息生态的优化是解决谣言问题的治本之策。主流媒体需要提高科学报道的质量,注重内容的专业性和准确性,避免夸张和误导。社交平台可以通过算法优化减少低质内容的推荐,并鼓励优质辟谣内容发布,形成良性互动。政府部门可以出台激励措施,支持优质科普内容的创作与传播。此外,还可以推动全社会形成"优质信息为先"的文化氛围,例如通过设立科普奖项、举办知识竞赛等方式,鼓励公众主动参与信息传播的优化工作。

四、完善机制,构筑牢固信息安全防线

为了有效应对科学流言的挑战,未来我们还需要从以下几个方面着手,构建一个全方位、多层次的应对体系。

1. 深入探究流言传播的规律和机制

科学流言的产生和传播不仅是信息传递过程，还包含社会和心理因素。数字化时代中，流言依托社交媒体和网络平台快速扩散。通过跨学科研究，综合社会学、心理学、传播学等，可准确掌握流言的传播路径与影响因素。借助大数据和社交网络分析，可预测流言的"爆发点"，为防范策略提供依据。

2. 加强科普教育的系统性和持续性

公众科学素养不高是流言滋生的根源之一。应构建从基础教育到终身学习的完整科普体系，不仅普及科学知识，还要培养公众的批判性思维与信息筛选能力。学校教育要注重探究式学习，成年人也可通过科普讲座、媒体传播等方式更新知识。VR、AR等技术的应用可使科普更具互动性与趣味性，让大众在轻松氛围中深入理解科学。

3. 提升公众的独立判断和选择能力

公众是防范科学流言的关键，应帮助他们学会评估信息来源、理解科学证据，区分事实与观点。鼓励主动查证而非盲信，通过公开课程、科学讲座、辩论等方式培养怀疑精神与独立思考能力，让人们在面对流言时更加理性冷静。

4. 紧密协作构建快速响应机制

应由政府部门、科研机构、媒体和科普工作者共同建立流言监测与辟谣平台，实时追踪并分析潜在流言。一旦发现，立即组织专家评估并在官方渠道和各媒体平台发布准确易懂的解释。利用人工智能和机器学习技术，可提高自动化检测与辟谣效率。

5. 增加科学传播的透明度和开放性

增加科学研究的透明度和开放性可减少公众误解。相关机构应主动公开研究数据、方法和局限性,增强公众信任。鼓励科学家通过社交媒体、科普文章、公开讲座等形式与公众互动,缩小"认知鸿沟",为流言传播设置障碍。

6. 大力培养"专家型"记者

媒体是科学信息的主要传播者,需加强新闻工作者的科学素养培训,避免夸大或误导性报道。建立科学新闻质量评估机制,对准确、负责任的报道给予鼓励,对不实信息及时纠正,从源头减少流言的产生与扩散。

7. 新技术带来新机遇

人工智能、区块链等技术既可能助长流言传播,也可用于流言的快速识别与溯源。通过人工智能技术对海量数据进行深度分析,可精准预测潜在流言,提前制定应对策略。

8. 定期公布科学流言套路

借鉴反诈中心的做法和经验,定期公布科学流言套路以及新变化,把这些东西置于阳光下,让其成为过街老鼠人人喊打,动员公众一起制止科学流言,提高全社会对科学流言的免疫力,把科学流言对社会造成的损失降到最低。

上述这些策略的实施需要长期的努力和投入,但它们共同构成了一个全面的科学流言防控体系。通过深入研究、系统教育、能力培养、快速响应、增加透明度以及改善媒体报道,我们可以有效地减少科学流言的产生和传播,提高公众的科学素养,促进科学与社会的良性互动。

综上所述,破除"科学"流言的"金钥匙"在于实践与创新并举,采用科学、迅速且协同的辟谣策略,不仅能有效制止谣言蔓延,更能从根本上提升公众对权威信息的信任度,营造理性、健康的社会舆论环境。